非洲投资法律实务丛书

中国企业赴非洲投资

风险防控与争议解决

景欣　林威◎著

Chinese Investment in Africa

RISK CONTROL & DISPUTE RESOLUTION

法律出版社 | LAW PRESS
北京

图书在版编目(CIP)数据

中国企业赴非洲投资风险防控与争议解决 / 景欣,林威著. -- 北京 : 法律出版社, 2022
(非洲投资法律实务丛书)
ISBN 978 - 7 - 5197 - 6800 - 3

Ⅰ. ①中… Ⅱ. ①景… ②林… Ⅲ. ①对外投资-投资风险-风险管理-研究-中国②国际商法-区域性组织-司法制度-研究-非洲 Ⅳ. ①F832.6②D996.1-20

中国版本图书馆 CIP 数据核字(2022)第 096606 号

中国企业赴非洲投资风险防控与争议解决
ZHONGGUO QIYE FU FEIZHOU TOUZI FENGXIAN FANGKONG YU ZHENGYI JIEJUE

景 欣
林 威 著

策划编辑 刘秀丽 魏艳丽
责任编辑 刘秀丽 魏艳丽
装帧设计 汪奇峰

出版发行 法律出版社
编辑统筹 法商出版分社
责任校对 裴 黎
责任印制 胡晓雅
经 销 新华书店

开本 710 毫米×1000 毫米 1/16
印张 12.75 **字数** 180 千
版本 2022 年 7 月第 1 版
印次 2022 年 7 月第 1 次印刷
印刷 永清县金鑫印刷有限公司

地址:北京市丰台区莲花池西里 7 号(100073)
网址:www.lawpress.com.cn
投稿邮箱:info@lawpress.com.cn
举报盗版邮箱:jbwq@lawpress.com.cn

销售电话:010 - 83938349
客服电话:010 - 83938350
咨询电话:010 - 63939796

书号:ISBN 978 - 7 - 5197 - 6800 - 3
定价:68.00 元

凡购买本社图书,如有印装错误,我社负责退换。电话:010 - 83938349

序　言

近年来，随着“一带一路”倡议的持续推进，中非间经贸合作日趋深化。根据中国海关总署发布的数据，2021 年中非双边贸易总额达 2543 亿美元，同比增长 35.3%，创下了 2014 年以来的新高。2021 年中国对非全行业直接投资额为 37.4 亿美元，在非洲承包工程新签合同额为 779 亿美元。中国已经连续 13 年保持非洲最大贸易伙伴国地位。特别是在复杂严峻的外部形势以及疫情的双重冲击之大背景下，中非经贸合作更加彰显韧性，前景可期。商务部数据显示，截至 2020 年年底，中国对非投资存量已经超过了 434 亿美元，投资遍及 50 多个非洲国家。目前已有超过 3500 家中国企业扎根非洲投资。

2021 年 8 月 26 日，中非民间商会发布《中国企业投资非洲报告》，报告显示，2000 年以来，在中非合作论坛的推动下，中国民营企业正在逐渐成为中非经贸投资合作的主要力量，正在经历从“走向非洲”到“落户非洲”再到“扎根非洲”的转变，民营企业在中国企业对非直接投资规模约占 70%。

2021 年 11 月 26 日，国务院新闻办公室发表《新时代的中非合作》白皮书，白皮书阐述了新时代中国对非政策立场，非洲是“一带一路”国际合作中至关重要的一环，为了构建更为紧密的中非命运共同体，新时代的中非合作是中非双方实现共同发展的必由之路。

2021 年 12 月 9 日，结合中国 2035 年远景目标、联合国 2030 年可持续发展议程、非盟《2063 年议程》及非洲各国发展战略，中非双方共同制订了《中非合作 2035 年愿景》，表明了双方坚定不移深化中非全面战略合作伙伴关系、实现中非务实合作高质量发展的决心。

由此可见，中非经贸合作是大势所趋，不仅在向中非命运共同体总体布局靠拢,也在促进发展中国家群体性崛起、推动国际力量对比向更加均衡的方向发展注入强劲动力。

要抓住这一蓝海机遇,挑战和风险同存,稍有不慎可能将带来不可控的经济、人力以及时间上的损失。本书的二位作者林威博士、景欣博士是中伦文德律师事务所的资深合伙人和高级顾问,他们深耕中企赴非投资法律服务领域多年,为许多中企的对非投资提供了专业的法律支持。在多年的对非投资贸易业务实践中,深刻地认识到中企赴非投资存在亟需解决的众多问题,需要多层次的非洲政治文化了解、更专业的法律指引以及更有效的投资风险防范策略。因而,本书内容涵盖了较为全面的非洲投资风险论述,通过对非商业、经济和法律风险这些在非投资的重点、难点的分析,有针对性地提出了风险防控对策。

此外,本书笔者特别重点介绍了对中国企业拓展非洲市场具有重要意义的非洲商法协调组织(Organisation pourl' harmonisation du droit des affaires en Afrique,OHADA)和其统一法,OHADA是便利非洲贸易和投资环境,保障经济活动的法律安全、司法安全的重要组织,对其有一个全方位的了解对构建企业合规体系以及企业海外维权都大有裨益。

本书笔者还通过分析涉非纠纷的特点,结合非洲商法协调组织独特的诉讼及非诉讼争议解决机制,为中企在非争议解决提供了具体的实务操作建议,具有较强的可行性,能够帮助读者更好地应对海外业务合规以及中非法律差异方面带来的挑战,同时针对非洲争议处理获得一些建设性的指导意见。

天地之功不可仓卒,艰难之业当累日月。赴非投资并非一日之事,厚积薄发,行稳致远。相信本书无论是对于企业,还是对于法律从业者或年轻的涉外法律学人们,都会带来一定助益。

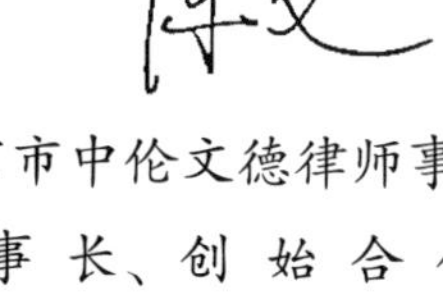

北京市中伦文德律师事务所

董事长、创始合伙人

前　言

非洲是世界第二大洲，共有50多个主权国家，约13亿人口，是全球第二大和增长最快、富有潜力和充满希望的大陆。非洲再也不是那个"毫无希望的大陆"了，它是一片"充满挑战与机会的投资热土"①。"这是属于非洲的时代"、21世纪将成为"非洲世纪"，这是2019年非洲投资论坛上来自世界各地的商界领袖对非洲投资前景的肯定与乐观展望。② 非洲是一个处于变动中的迷，因为"从来没有哪片大陆处于如此庞大的转型、破裂和变革力量之下"③。当代的非洲正在由一个经济、世界政治和安全意义上的边缘地带转变为中心地带，这是从过去几十年到未来时代最关键的转型。

与此同时，这片大陆的机遇是与威胁并存且与日俱增的。非洲是世界上最贫穷的大陆，但同时也是"最富饶的大陆"。就矿产储量而言，非洲是富庶的，其中金、铬、铂族、锰、钴、铝土矿、磷等矿产资源储量在世界上占居首位。④ 非洲的人口资源也很丰富，并且增长很快。

---

① [美]杰克·布赖特、[美]奥布里·赫鲁比：《未来非洲——正在崛起的大陆　未来的全球经济引擎》，敖军译，西南师范大学出版社2020年版，第12页。

② 蔡淳：《非洲大陆吸引全球投资者目光》，载中国经济网，http://bgimg.ce.cn/xwzx/gnsz/gdxw/201911/21/t20191121_33662707.shtml。

③ [法]多米尼克·德维尔潘、杨晗轶：《非洲—中国—欧洲：21世纪的新挑战》，载《东方学刊》2019年第4期。

④ 非洲的矿产资源非常丰富，其资源总价值占全球的23%，但产量价值仅占全球的9%，所以非洲是全球矿产资源开发最有潜力的地区。金、铬、锰、钴、铝土矿、磷、金刚石（钻石）等矿产资源储量在世界上占居首位，分别约占世界总储量的40%、87%、56%、50%、30%、62%和18%；其中铀等矿产资源储量位居世界第二；天然气等资源储量位居世界第三；煤、石油、铁等资源储量位居世界第四；磷肥占80%；铂的储量甚至达到全球总量的91%。

在某种程度上，这为非洲带来了机遇，因为这意味着非洲拥有一个有着25亿消费者的市场。丰富的矿产和人口资源是非洲经济发展的巨大优势。

然而，在经济腾飞的同时，我们也需要看到三大瓶颈严重阻碍了非洲经济发展，也是导致其安全环境恶化的主要原因。第一个就是基础设施缺乏。由于非洲大陆的地理原因，非洲内部各国之间互联互通程度低，尤其是缺乏港口、铁路和公路等基础设施，严重制约了非洲各个贸易中心之间的交易活动①。极度动态的人口结构对非洲发展构成的重大远期风险是其发展的第二大瓶颈。正如我们知道的，非洲是人口增长最快、城市化速度最快的大陆。目前非洲的人口增长率为2.5%，年轻人口比例高，就业市场的新增岗位却得不到相应的增加，年轻一代被排除在劳动力市场外也是非洲犯罪和暴力事件频发的原因之一②。同时，过高的人口增长率也给那些原本教育体系就十分脆弱的非洲国家带来了更加难以承受的财政负担。非洲的政治环境，尤其是其薄弱的公职人员责任制度以及腐败问题是阻碍、限制其发展的第三大瓶颈。除此之外，非洲大陆缺乏一个良好、健全的投资法律环境。这些不利因素极大地挫伤了外国投资者在非洲进行投资的积极性和信心，也成为中国企业赴非投资的主要顾虑和重

---

① 非洲大陆缺乏基础设施，撒哈拉沙漠、东非高原、茂密的雨林等自然条件给物流造成极大困难，这片“空旷大陆”的交易活动长期受到制约。非洲的主要河流难以轻松解决航运问题，因为河流流域仅连通了内陆地区和出海口，没有形成水网。非洲内部各国之间的互联互通程度低下成为限制非洲经济发展的“老大难”问题，港口（特别是深水港）、铁路和公路都十分稀缺。非洲公路运输的价格十分昂贵，高出世界平均价格的200%，甚至从整体上限制了非洲的出口能力。

② 非洲是世界上“最年轻的大陆”，比如，尼日尔是世界上最年轻的国家，人口平均年龄仅14.8岁。在世界人口现代化的历史上，非洲也是增速最快、最持久的地方之一。近年来，非洲人口规模如雪球般越滚越大，根据联合国预测，2050年非洲人口将达到25亿。由于人口快速增长，非洲需要非常高的经济增长率才能将新增就业岗位维持在必要的水平，以及保持或提高人均国内生产总值。

要障碍。[①] 尤其是21世纪初期，经济全球化趋势的不断发展给非洲各国带来了更大的挑战[②]，他们意识到如果不能把握这次全球经济发展的巨大机遇，就会使自己与发达国家之间的经济差距进一步加大，随之会变得越来越边缘化和被动。非洲丰富的矿产和人口资源也使其面临新的"非洲争夺战"的危险，其甚至会成为发达国家和跨国公司的"新技术殖民地"。

我们可以看到20世纪90年代以来非洲国家为改变现状所做的不懈努力。非洲国家的国内战争和族群冲突明显减少，政治环境的逐步稳定为经济发展提供了坚实基础和必要条件。非洲各国还纷纷采取改革措施，改善国内政治和营商环境、贸易和融资条件，旨在吸引全球投资者的关注，为其注入新的活力和资金。与此同时，为了顺应全球经济一体化这个热潮，使非洲经济在世界经济发展中占有一席之地，非洲大陆经济一体化至关重要。而"从维护经济交易安全和降低交易成本的角度而言，区域经济一体化的产生和发展必然同时要依赖法律一体化进程"[③]。可以说，如果没有法律一体化作为制度保障，非洲大陆经济一体化的实现就如天方夜谭。非洲商法协调组织（L'Organisation pour l'harmonisation en Afrique du droit des affaires，OHADA）就是在这个大背景下应运而生的。

为了"促进国际贸易，吸引外国投资，加强地域合作，以图建立一个良性运行的法律环境"，这个新的区域性国际组织自1993年10月17日诞生

---

① 参见[法]多米尼克·德维尔潘、杨晗轶：《非洲—中国—欧洲：21世纪的新挑战》，载《东方学刊》2019年第4期。

② "经济全球化"这个概念由T. 莱维于1985年最先提出，是当今全球化最重要的动力和主要组成部分；主要表现是随着全球货物和服务贸易自由化、生产国际化以及技术转移、资金流动的加速发展而形成的相互依存、互相合作的全球范围内的有机经济整体的过程。这个与互联网的发展紧密相连的当代世界经济发展趋势，在时间和空间上缩小不同地区、不同国家的区别，正在以翻天覆地的方式推动着世界贸易结构的巨大变革。同时，也给世界经济带来巨大风险。

③ 李伯军：《非洲商法协调组织与中非经济关系》，载胡平仁主编：《湘江法律评论》第10卷，湘潭大学出版社2011年版。

以来就一直致力于其成员国商事法律的协调和统一工作,并积极加快推进非洲大陆经济区域一体化发展的进程。[①] 至2021年为止,该组织已有17个成员国[②],批准和实施的10部统一法在推动该区域经济一体化向纵深领域发展方面起到了积极的作用。该组织还创建了一个超国家法院,为其成员国的商事法律一致性和协调性提供了保障,在该组织制度中处于核心地位。非洲商法协调组织下属的地区高等司法培训学校为统一法的适用培养和输送了大量的专业法律人才。非洲商法协调组织的诞生为非洲大陆建立了一个良好的经贸投资法律环境,促进了非洲大陆各国经济和社会的发展,对西非乃至整个非洲都有很大的影响。[③]

非洲是世界上发展中国家数量最多的大陆,而中国是世界上最大的发展中国家。对于今天的非洲来说,中国是一个重要的榜样,是利用自身资

---

① 参见李伯军:《非洲商法协调组织与中非经济关系》,载胡平仁主编:《湘江法律评论》第10卷,湘潭大学出版社2011年版。

② 非洲商法协调组织的17个成员国都是矿产资源丰富的国家,其中最受到投资者关注的有中非共和国、刚果(金)、几内亚、科特迪瓦等国家。众所周知,中非共和国境内矿藏资源丰富,其中钻石分布面积占全国的1/2,年产量约40万克拉;截至2014年,还有铀(储量2万吨)、铁(储量350万吨)、黄金、铜、镍、锰、铬、锡、汞和石灰石(储量800万吨)等。北部地区还发现有石油。刚果(金)不但矿产资源丰富,而且种类齐全,被称为"世界地质博物馆",素有"世界原料仓库""中非宝石"等美誉。其境内蕴藏矿产资源有石油、煤炭、铀等能源矿产,铁、锰、铬、钨、铜、钴、锌、锡、镍、金、铂族金属、银、铌、钽、锗、镉等金属矿产和金刚石、硫、石材等非金属矿产,其中铜、钴、金刚石、锡、铌、钽等矿产在世界上占有重要地位。虽然几内亚是世界上最不发达国家之一,但是矿产资源丰富,素有"地质奇迹"之称。其中铝土矿储量达74亿吨,占全球总储量的26.4%,排名世界第一,也是仅次于澳大利亚的世界第二大铝矾上矿生产国。"铝矾土王国"几内亚也成为中国最大的铝土矿进口来源国(非洲商法协调组织成员国喀麦隆是非洲第二大铝土矿资源国,铝土矿储量8亿吨,储量第三的是马里共和国,铝土矿储量有6亿吨);铁矿石储量超过300亿吨,拥有两个世界级铁矿:宁巴山铁矿和西芒杜铁矿;黄金储量约1000吨,金刚石储量有3亿克拉,此外还有很多非金属矿产。科特迪瓦的矿产资源比较丰富,矿种较多,如钛铁矿、装饰石料、介壳灰岩、玻璃用石英砂、黏土等;且科特迪瓦经济较发达,基础设施建设较完善,适合外国企业投资建厂。北非的法语国家如摩洛哥也在商谈加入非洲商法协调组织的细节,而摩洛哥是非洲最古老的国家之一,享有"北非花园"的美称,其矿产资源丰富。目前,摩洛哥从事开发的金属矿产资源有铜、铅、锌、钴、镍、铁、锰、锑、钨、钼、锡、金、铀、银等,其中磷酸盐储量位居世界首位,铅矿石与锑矿石储量位居非洲第二,锌矿石储量非洲排名第三;其中布阿泽尔矿床也是当今世界唯一已经开采的原生钴矿床。

③ 参见李伯军:《非洲商法协调组织与中非经济关系》,载胡平仁主编:《湘江法律评论》第10卷,湘潭大学出版社2011年版。

源建设现代化和寻求国家发展的典范。在中非贸易关系方面，中国与非洲一直保持着友好的合作关系，中非在贸易结构上具有的互补性特点使双边贸易一直呈跳跃式发展。①

进入21世纪以来，中非经贸合作规模增长不断跃上新的台阶，双方新一轮发展的高潮已经到来。一方面，拥有世界上最多发展中国家的非洲正处在崛起中，非洲各国不仅对工业化和互联互通基础设施的需求十分强烈，而且还急需国外工业制成品进口来满足本国人民的生活生产需求，并迫切地希望吸引国外技术和资金的注入来发展经济。同时，近些年来，即使在全球大部分地区经济复苏迟滞的大背景下，非洲大部分国家的继续发展势头仍然保持稳步增长，部分国家甚至还展现出强劲的经济活力，并可能成为全球经济新增长极。另一方面，中国作为世界上最大的发展中国家，随着国力的增强和经济的腾飞，已经成为拉动全球经济持续前进的重要引擎。在中国政府的大力支持下，对外投资快速增长的新纪元的序幕也已经拉开。"一带一路"倡议的实施，为中国企业"走出去"创造了新的机遇和增添了新的活力，而非洲大陆正是推动"一带一路"倡议的重要方向和着力点。中非双方贸易额近年来持续大幅度增加，在这个国际市场竞争日益激烈的大时代，非洲成为中国国际贸易市场开拓的新亮点。因此，中非贸易关系发展的现状和前景应该受到我们的加倍重视。

在中国企业赴非投资和贸易过程中，法律发挥着至关重要的作用。本书编写的主旨是帮助有意或已经进军非洲市场的中国投资者了解东道国的法律制度，辨析非洲大陆投资的风险类别，研究应对这些重大风险的可行措施。希望本书可以为中国企业在非洲现有的法律框架下更好地建立多样化风险防控机制提供参考，同时也创设一个可以更全面了解非洲商法协调组织法律制度的窗口，通过对非洲商法协调组织、统一法以及其争端

---

① 1950年中非双边贸易额仅为120万美元，2007年却已超过700亿美元。中国已成为继美国、法国后非洲的第三大贸易伙伴。与此同时，中国对非投资也呈快速增长态势，2007年1月至9月，中国在非直接投资额就达到6.5亿美元，年增长率为203%，中国已成为非洲投资中的主要力量。

解决制度的全面介绍和深刻剖析,增强中国企业在非洲进行投资的信心。除此之外,我们也期望中国企业在投资过程中发生纠纷时,可以通过最适合的法律手段有效地维护其合法利益,避免不必要的损失。最后,希望本书可以抛砖引玉,以指引中国投资者更好地防范非洲投资可能遇见的各类风险,并能积极运用各种有效的方法提高非洲投资的成功率和回报率。

目　　录

第一章　非洲投资风险与防控

中国政府在2000年3月第九届全国人民代表大会第三次会议期间提出了"走出去"战略。"走出去"战略的提出不仅适应了经济全球化的新形势和国民经济发展的内在需要,也是发展开放型经济、全面提高对外开放水平的重大举措。随后,一系列支持中国企业和公司对外投资的政策相继出台和实施。① 在这些政策的鼓励和支持下,符合国外市场需求的行业开始有序向境外转移产能,有条件的企业和公司积极对外开展海外投资项目。而非洲是中国实施"走出去"战略及"两种资源,两个市场"战略的重要合作地区,关乎中国经济安全及可持续发展之大局。②

为了积极推动"走出去"战略的实施,2000年中非合作论坛创立。这个论坛已成为中非进行集体对话与多边合作的有效机制,构筑了中非间长期稳定、平等互利新型伙伴关系的重要框架和平台。在当下中国对非洲的贸易往来频繁和高投资率的背景下,中非合作论坛是非洲各国的合作典范。2006年1月12日,中国政府首次发表《中国对非洲政策文件》,宣示了中国政府对非政策的目标和措施,并于同年6月举行了"中非合作论坛北京峰会"第三届部长级会议,推动了中非友好合作在更大范围、更广领域、更高层次上全面发

---

① "走出去"战略的政策支持框架主要包括:(1)简化对外投资审批;国务院2004年7月做出的《关于投资体制改革的决定》改革了项目审批制度,对于企业不使用政府投资建设的项目,区别不同情况实行核准制和备案制。2009年3月,商务部发布了《境外投资管理办法》,进一步下放了境外投资开办企业核准权限,简化了核准手续。(2)简化手续、放宽对外投资外汇管制。(3)财税金融政策扶持,包括政府专项资金支持、产业投资基金支持、税收减免、优惠政策、保险支持及信贷支持等。(4)最后,商务部也提供了多方面的服务,如信息服务、人才教育和培训以及通过与其他国家和地区签订双边投资保护协定、自由贸易区协议等维护企业的海外合法权利。

② 参见张宏明主编:《中国和世界主要经济体与非洲经贸合作研究》,世界知识出版社2012年版,第14页。

展。经过几十年的飞速发展,中非合作的规模不断扩大,合作的领域不断拓展,非洲大陆已成为中国企业对外投资的重点地区之一。[①]

2013 年,“丝绸之路经济带”和“21 世纪海上丝绸之路”(以下简称“一带一路”)政策的实施又为中非贸易的发展带来了新的契机。[②] “一带一路”是中国“走出去”战略的升级版。[③] 非洲是中国企业对外投资的热土,是“一带一路”倡议的重要方向和落脚点,更是“一带一路”国际合作不可或缺的重要组成部分。[④] 在“一带一路”的框架下,中非关系的战略地位进一步得到了提升,中非合作可以在更高层次和更新理念指导下展开。2017 年 5 月,首届“一带一路”国际合作峰会在北京举行,标志着中国对非洲的直接投资也进入了一个崭新阶段。[⑤] 在 2018 年召开的中非合作论坛北京峰会开幕式上,中国国家主席习近平提出:“中非要携手打造合作共赢的中非命运共同体。”2020 年 12 月,中国与非洲联盟签署了《中华人民共和国政府与非洲联盟关于共同推进

---

① 为了推进中非经贸合作关系的不断深化,中国政府推出了一系列的优惠政策用来鼓励和帮助中国企业到非洲投资,其中包括针对中国企业到非洲投资时带出的设备、机器和装备,可以参照有关援外规定申请退税的制度;取消赴非投资的中国企业的外汇额度的限制。与此同时,国务院批准组成的中国出口信用保险公司为了解决到高风险国家投资的中国企业的后顾之忧,还推出了海外投资政治风险保险。它是专门针对中国投资者在进行海外投资时可能发生的征收、汇兑限制、战争和政府违约等事件而遭受的经济损失进行承保的保险产品。

② 到目前为止,已经有 34 个国家和国际组织与中国签署了关于“一带一路”的协议,超过 70 个国家公开支持并自愿加入“一带一路”倡议,这其中包括很多非洲国家。

③ 参见韩良主编:《非洲商事——法律制度精析》,中国法制出版社 2015 年版,第 2 页。

④ 自 2013 年“一带一路”倡议提出以来,它的理论建设不断地丰富、实践成果越发丰硕,已经形成了相当庞大的知识体系,并从中国倡导变成了国际共识,充分体现了时代性和先进性。正如《“一带一路”大百科》总结的一样,“一带一路”并不是简单地复兴古代的丝绸之路,而是一项综合性、系统性工程,历史渊源深、地域范围广、涉及内容多、涵盖领域广泛,具体包括交通、能源、通信、投资、贸易、工业、金融、教育、旅游和技术。该倡议是推动中国“走向全球”的重要途径,沿线地区内部的互联互通网络正逐步建设推进。“一带一路”为非洲的发展振兴提供了新的活力,在公路、铁路、电站、港口等基础设施项目之后,中国企业致力于推动产能合作项目以及健康、医疗、教育等民生项目,如产业园区建设,帮助非洲国家发展产业基础,既满足了其国内市场需求,又帮助这些国家换取了外汇。同时,中国投资会带动当地私营部门投资,推动私营部门发展,从而实现经济现代化。非洲国家纷纷期待与中国对接“一带一路”合作倡议,“一带一路”作为中国向世界提出的重要合作设想,给中非合作带来了新机遇。

⑤ 自“一带一路”理论提出以来,中国在非洲的“一带一路”倡议加速推进。截至 2018 年 8 月末,包括埃及、南非和苏丹在内的 9 个非洲国家签署了“一带一路”与中国合作的谅解备忘录,13 个国家与中国签署了产能合作框架协议。

“一带一路”建设的合作规划》(以下简称《合作规划》)。《合作规划》的签署将有效推动共建“一带一路”倡议同非洲联盟《2063 年议程》深度对接,有助于促进双方优势互补,共同应对全球性挑战,为中非高质量共建“一带一路”开启了崭新篇章。①

事实上,中国和非洲的紧密关系是比较晚近的事,但是近些年来中非合作取得的成绩却有目共睹。在“走出去”战略和“一带一路”政策的推动和促进下,中国对非直接投资存量增长迅速,中国已连续数年成为非洲最大的贸易伙伴国。② 截至 2020 年年底,中国对非洲投资已经遍及 50 多个国家,投资存量超过 434 亿美元,超过 3500 家中国企业扎根非洲投资兴业,投资方式多样化且投资方向有偏向性。非洲是中国对外承包工程的第二大市场,能源电力和交通运输两个行业占据了市场绝对比例。③

中非经贸合作的优势还体现在中国和非洲之间没有殖民时期的历史造成的偏见,是一种建立在平等和互相尊重主权基础上的互惠互利的自由关系。这也是为什么 2018 年出席中非合作论坛的非洲领导人数量甚至超过了联合国大会,充分显示出非洲领导人高度关注发展和增进对华关系。同样,中国政府对中非对话也有重要而持续的投入,2008 年至 2018 年,中国官方对非洲的高层访问至少达 79 次。中非之间构建的“相互尊重、公平正义、合作共赢”的合作关系是新型国际关系的典范,也是中非经贸合作不断向更高水平迈进的坚实基础和有力保障。

然而,在中非贸易蓬勃发展、越来越多的中国企业赴非投资的时候,我们也需要意识到,中国企业在非洲国家开展贸易活动的过程也并非一帆风顺的。中非在政治、文化、法律制度以及语言等方面的差异以及非洲国家政治、

---

① 参见孟钟藜:《中非“一带一路”合作开启新篇章》,载经济日报 2020 年 12 月 24 日,第 8 版。

② 2011 年中国赴非直接投资金额是 160 亿美元,2016 年增长到 400 亿美元,几乎快赶上法国的 490 亿美元。根据中国海关统计的 2019 年中非贸易数据显示,2019 年中国与非洲国家进出口总额约为 2068.32 亿美元,其中,中国对非出口约 1128.60 亿美元,较之 2018 年的 1047 亿美元增长了 81.6 亿美元;自非进口约 939.72 亿美元,较之 2018 年的 992.81 亿美元减少了 53.09 亿美元。

③ 最初,在非洲投资项目以中国大型国有企业的资源获取型投资为主导。近年来,随着越来越多的中国民营企业纷纷入驻非洲,中国赴非投资的主体也日益多元化,投资行业也日渐分散,主要体现在制造行业、零售业、轻工业、商贸物流和通信业等多个领域。

经济格局的动荡都为赴非投资的中国企业带了巨大的挑战和风险。无论国有大型企业还是中小私营企业,大部分都有在赴非投资中吃亏,甚至惨遭失败的教训。因此,我们将尽可能全面地分析非洲投资的风险并介绍富有针对性的防控措施,希望可以帮助中国企业在走出去时做好充分和必要的准备,增强风险意识并构建有效的风险防范体系,以便降低中国企业投资的风险和减少不必要的损失。

第一节　非洲投资风险分析

“二战”后,非洲各国先后摆脱殖民制度建立了自己的国家或政府,大力发展本国经济。尤其是近年来,随着非洲经济的日益崛起,其巨大的市场潜力逐渐显现出来。于是,各国投资者纷纷把目光投向非洲大陆,非洲成为20世纪最受瞩目的投资热土。

1978年改革开放政策的全面实施不但为中国经济注入了新的活力,也为之后中国开展对外贸易投资活动提供了坚实的基础。虽然,中国对外投资起步比较晚,但是从2001年加入WTO以来,中国对外经济合作一直持续蓬勃发展。与此同时,“走出去”和“一带一路”倡议的顺利实施以及中国日益提高的国际地位也为中国企业开展对外投资提供了强大的内部驱动力。而相较于其他区域的市场,非洲因其丰富的矿产资源、极高的投资回报率及巨大的市场潜力等优势受到中国投资者的青睐。

尽管中国出口企业“走出去”前景被看好,但是,长久以来非洲大陆投资环境的相对不稳定让中国投资者忧心忡忡。尤其是中国企业赴非投资的项目多在非洲一些相对风险比较高的国家或地区,即政治、经济及金融等风险相对比较大的非洲国家,而这些国家政局动乱、社会治安状况也比较恶劣,加上政策和法律的多样性和不稳定等原因导致一些在非投资的中国企业遭受了巨大的经济损失。造成这种情况的原因可以总结为两点:一方面,目前中国企业在非洲的直接投资以资源类项目为主,而这些资源丰富的非洲国家往往伴随着较高的国家风险。另一方面,欧美等国家在非洲开展投资项目历史悠久，他们早已占据了投资风险小、收益高的投资项目，中国企业作为赴非洲投资的后来者，只能退而求其次，投资一些风险相对比较高的非洲国家。

既然中国企业不可避免地在一些风险较高的国家或地区投资，那么充分了解非洲投资过程中可能遇到的各种潜在风险，以便提前建立一整套的风险防范制度体系和规避策略就成为减少或者避免不必要损失的关键。

一、非商业风险

非商业性风险，又称政治性风险，长期以来一直是困扰国际直接投资的一大负面因素，它不仅直接损害了中国企业的投资回报率，也阻碍了广大发展中国家的外资及技术引进。①

尽管各国学者对于国际投资中的政治风险的定义和范围还没有做出统一的界定，但是在实践中，它通常指的是国际投资者将资金和包括劳动力、技术、管理、信息等其他生产要素直接投到国外，开设公司企业，并进行经营管理的活动的过程中，由于东道国政府在政治、社会、法律等不确定因素影响下的作为或不作为给外国投资者造成的风险。②

在当今全球经济一体化的新时代，传统的政治风险也显现出新特点，演变得更为隐蔽、很难预测、破坏力越来越大。中国得益于改革开放政策的成功，经济实力持续飞速发展。中国商人受到"走出去"战略和"一带一路"倡议的鼓舞，纷纷向非洲寻求投资和贸易的机会和机遇。在非洲投资过程中，中国企业最担心的莫过于由于非洲国家的政治原因而可能造成的安全方面等

---

① 政治风险这个概念首次出现在20世纪60年代美国的商务著作中，最初仅仅用于形容第三世界民族解放运动中发生的没收、征用等国有化事件。随后，由于银行机构需要将投资目标国的国情和投资风险进行区分，因此，在此基础上创立了"国家风险评估"。对于海外投资非商业风险的研究在20世纪80年代达到鼎盛，出现了大量有价值的学术文章和论点。传统研究认为，政治风险包括战争或内乱风险、征收风险、转移风险、违约风险、延迟支付风险等。参见赛格、门明：《中国企业对非洲投资的政治风险及应对》，载《西亚非洲》2010年第3期。

② 参见黄露：《非商业性风险对国际直接投资的影响及防范》，载《辽宁行政学院学报》2002年第6期。

非商业风险。[①] 因此,中国企业在对非洲投资时应充分认识到可能遭遇的非商业风险的新特点,以便在经济活动中预测各种法律结果,并采取有效措施来规避这些风险给海外投资可能带来的损失。[②]

(一)国有化与财产征用没收风险

国有化与财产征用没收风险是指东道国出于公共目的,依据其本国法律将私人财产的全部或部分采取征用或类似的措施,使其转移到本国政府手中的强制行为。一般而言,东道国这一强制性征收的政府行为是得到承认的,但是必须以一定的标准对被征收者进行补偿,在实践中,补偿的标准往往是远低于财产的市场价格的,这一政府行为经常给被投资者带来巨大的损失,也是外国投资者最忌惮的一种非商业化风险。[③]

国际投资上的征收分为直接征收和间接征收,前者是指东道国政府公开地、迅速地、直接地将外资全部或部分的收归国有。但是,随着经济全球化的发展,近年来这种公开直接的征收方式逐渐被另一种"间接征收"(又称蚕食式征收、变相征收、逐渐征收)代替。后者指的是东道国政府对财产所有权人使用、占有和处置财产的无理干涉,从而使其不能有效地使用、占有和处置该财产的一种措施。在非洲投资过程中,"间接征收"专指东道国政府经常通过

---

① 非洲很多国家安全形势不容乐观,其中由于政治原因带来的风险主要包括国家的主权领土纠纷、边界问题,种族和宗教冲突、反政府武装、恐怖主义造成的威胁,小规模武装冲突等地区安全问题。

② 参见赛格、门明:《中国企业对非洲投资的政治风险及应对》,载《西亚非洲》2010 年第 3 期。

③ 例如,2013 年中石化的子公司阿达克斯石油公司(Addax Petroleum)在加蓬"Obangue"油田的开采权被加蓬政府剥夺后,该子公司向国际商会的国际仲裁院提出了仲裁申请,但其仲裁申请被该仲裁院驳回。据报道,早在 2012 年,加蓬政府就曾经取消中国机械工程公司对"Bélinga"铁矿山的开采权。一般说来,在非洲发生的国有化或征收现象,经常发生在自然资源开发部门,而中国的投资恰好就集中在采矿业和建筑业。当然,也存在投资者违反当地法律、忽视企业社会责任而遭到东道国规制的风险。例如,2013 年科蓝煤矿因受到滥用劳工、工作环境不符合标准的指控,赞比亚政府从中方私营业主手中收回了煤矿控制权。参见韩秀丽:《中非双边投资条约:现状与前景》,载《厦门大学学报》2015 年第 3 期。再如,安徽外经建设集团有限公司曾通过安津投资和津安两家公司在恰兹瓦投资开采钻石。然而,这两家公司在 2016 年被政府禁止开采钻石,当时的津巴布韦政府将安徽外经建设集团有限公司的恰兹瓦钻石矿收归国有,并成立了津巴布韦联合钻石公司。参见《安徽外经建设集团过去 10 年在津巴布韦投资 10 亿美元,后续再投?》,载津巴布韦华人网 2019 年 8 月 31 日,https://www.sohu.com/a/337694161_796605。

突击检查、高额罚款和额外征收、没收财物等措施，阻碍外国投资者有效控制、使用和处置本企业财产，其实施的过程多是循序渐进的。虽然表面上这些措施并没有对外国投资者的所有权予以否认，但实际上却往往限制或取消外国投资者的权利，从而构成事实上的征用行为。

在非洲殖民地独立运动高潮时期，大多数非洲国家针对当时处于其国内的外国资本采取排斥政策，常常采取大规模的国有化和征收措施。但是非洲经济发展、经济体系的建立需要外国资本、技术及人才的注入，国有化政策使得外国投资者不敢进入非洲进行投资，导致非洲民族工业的振兴和各国国内工业体系的建立都因为缺乏资金而发展缓慢。为了改变这种现状，绝大多数非洲国家都把私有财产不可侵犯作为一项权利加到了宪法中，并制定单行法做出具体规定。但是，这并不意味着在非洲国家私有财产是绝对不可侵犯的，因为多数非洲国家仍然保留了以国家利益和社会公共利益需要的名义对个人财产征收的权力。随之，为了避免权力的滥用，各国相应地以法律、法规等形式对私人财产国有化进行了限制，比如：规定政府必须对被征收人给予一定数量的赔偿、不得歧视、必须按照本国的法律法规等相关政策规定的程序进行等。①

“间接征收”的启动一般与三种原因有关：出于本国贸易保护的目的、东道国政策法规的变动、腐败问题。在当今的非洲，外国投资者的财产有被国有化的风险，最常见的是由东道国的贸易保护主义和腐败结合引起的，尤其是后者。腐败导致各国政府效率低下，各国制定的限制国有化的规定得不到

---

① 参见韩良主编：《非洲商事——法律制度精析》，中国法制出版社 2015 年版，第 57～58 页。各国通常在宪法中做出总体规定，然后以单行法形式做出具体性规定的立法模式来规范和限制其本国的国有化和规范征收行为。尼日利亚在其《宪法》第 44 条规定了一般情况下，动产和不动产都是不可以被强制占有的。随后，又在《尼日利亚鼓励投资委员会令》第 25 条第 1 款中详细规定，任何企业不得被联邦政府征用或国有化，拥有全部或部分企业资本的任何个人在法律上也不得被强迫将资本转移给另一人。另外，虽然在实践中，因为国有化和征收而给予被征收人的补偿的金额都是远低于被征收财产的市场价格的，而且国际社会也尚无防范此种风险的有效机制，但是还是需要指出来的是，非洲各国有关赔偿的标准的规定还是有很大的差异的。总体的趋势是，经济较发达的国家的比经济较不发达的国家的赔偿的标准更有利于被征收人。比如，非洲经济最发达的南非在其《宪法》第 25 条规定的是在时间、数额和方式上，补偿的标准都要达到“公平合理”，而在其他较不发达的国家如加纳，宪法仅规定了“公平适当”的标准。

严格、切实的执行。这也是外国投资者最担心的。另外，需要说明的是，有时候被征收者在经营活动中自身的一些问题也是这种情况频频发生的一个原因。比如有些企业为了能在竞争日益加剧的非洲投资市场占据更有利的地位，从而获得更大的经济利益，于是采取不正当的手段搞低价恶性竞争，对其他企业刻意打压。这些不正当的行为严重扰乱了市场、破坏了中国企业在非洲的形象，并且还给非洲国家的相关部门采取国有化与财产征用等方式侵害中国企业的利益提供了口实。①

除此之外，还需要注意到国有化与财产征用的风险也与行业及国家有关。一些行业，如原油、矿业开采等领域，因为关系国家命脉，曾经长期被原宗主国控制和掠夺，所以非洲国家对于外国资本进入这些行业往往采取更严格的限制措施。尤其是矿业开采是一个投资额大且高风险的长线投资行业。长线意味着项目周期长、资金回报慢，一旦投资出现问题，矿业的大船将无法掉头；高风险意味着投资风险大，失败可能性高。并且，在实践中，如果矿山运行正常，当地政府的利益如期获得，中国企业手里的矿权就不会有很大危险；但如果矿山亏损，资源被不断开采，当地政府得不到预想的利益，那么企业手里的矿权就有些危险了。当地政府很可能随便找个理由（如劳工问题、纳税问题等）刁难企业，然后以企业的经营行为违反当地法律法规为由把企业手里的矿权收回国有。这将给在非洲投资矿业的中国企业带来灾难性的损失。

同时，对这些行业投资的企业也面临着更大的被“间接征收”的风险。②一些国家法律体系不健全、腐败现象滋生，中国企业在海外投资实践中经常发生东道国相关政府部门以检查偷税漏税、非法用工、安全、走私、卫生问题等为借口，频繁搜查其境内的中国企业，并处以高额罚款、课以重税，甚至没收财产等处罚。③ 东道国的这种做法扰乱了中国公司的正常生产经营活动，

---

① 参见罗会钧、黄春景：《中国企业对非洲投资的政治风险管理》，载《云南财经大学学报》2009年第4期。

② 参见韩良主编：《非洲商事——法律制度精析》，中国法制出版社2015年版，第58页。

③ 参见梁静波：《中国企业海外投资的政治风险与对策》，载《求实》2013年第4期。

给中国投资者带来了巨大的经济损失。

(二)战争、内乱和治安风险

有些中国企业认为那些风险越高的地区,收益往往也越高,越动荡的地方生意越好做,他们看到了海外投资蕴藏的商机,但却没看到潜伏的危机,缺乏风险意识,对投资目标国投资环境风险事先评估不全面,更没有制定完善的风险防控措施,在这种情况下赴非洲投资必然容易导致其在今后的投资或企业运营过程中面临各种风险、危机,甚至海外投资失败。

同时,因为中国企业对非洲进行直接资源开发起步的比较晚,一些投资风险相对比较小、开采条件比较好的国家和地区多被西方跨国公司占据,这种“后发劣势”限制了中国企业对投资市场的选择,使得它们不得不到一些政治风险高、投资环境比较差而且基础设施匮乏的国家或地区寻找投资机会。这些原因决定了中国对非投资会面临很大的政治风险的情况将在较长时间内存续。

1.战争与内乱风险

战争与内乱风险主要指的是由于战争、革命、暴动或内乱等原因致使投资者在东道国的投资项目受到破坏、损坏或者留置的风险。

虽然近些年来,非洲政局整体趋于稳定,很少爆发大规模的战争,但是传统的战乱风险正在转化为政治暴力风险。这主要是因为很多非洲国家还处于政治发展的转型期,政权争夺、各种利益纠纷经常发生。另外,非洲局部地区国家关系恶劣,家族群和宗教情况也一直非常复杂,矛盾很容易激化,近年来从中东涌出的各种极端主义势力也在向北非与撒哈拉以南非洲各国蔓延,因此非洲局部冲突、暴动等暴力事件也是层出不穷,这些潜在风险导致一些非洲国家的政治局势非常令人担忧。

中国企业在一些内乱和战争风险高的非洲国家有大量投资,覆盖资源开发、工程承包到基础设施建设各领域,而内乱或者战争的爆发,会直接导致中国企业在该地区的投资项目中断、推延或取消,带来财产损失、人员伤亡等问题,是中国投资者不可忽视的巨大的潜在风险。[①] 比如在2011~2012年中国企业投资非洲矿业的首选国家之一的刚果(金)的[②]南北基伍省动乱就迫使很多中国矿业企业不得不退出非洲投资市场。政局的动乱对中国企业在非洲的投资项目,特别是矿业企业的开发工程是致命的。[③]

除此之外,如果战争、动乱后新政权取代旧政权,新的执政者一般会颁布一些新的政策、规章制度,此时海外投资企业为了减少损失、保证投资正常运行,就必须迅速做出回应、尽快调整原有的战略计划,以适应形势变化的需要,使自身投资、经营行为完全符合新政策、法律法规等。然而,形势的复杂性尤其是时间的紧迫性必然会导致企业难以正确评估所处市场环境,导致其决策偏向的盲目性,投资的不确定性亦随即产生。同样不可忽视的是,虽然新旧政府一般都会把发展本国经济实力、提高人民生活水平作为目标,也都承认外资的引进是本国经济发展的重要手段和方法,但新政府刚刚在阶级斗争中取得政权,对治理国家、发展经济在理论和经验上还有所欠缺,所以如果想战后立刻恢复高效、有序地生产还是有很大阻碍的。甚至有的新政府对旧政府按照旧法律、政策引进的投资项目心有芥蒂,不会持百分百欢迎、支持的态度,更有甚者将这些企业作为仇视的对象,导致投资项目最终失败、投资人血本无归。[④]

2. 治安风险

一些非洲国家除了首都和一些大城市的治安比较好外,政府对偏远的地区根本无法进行有效的管理和控制,治安情况差、犯罪率极高。这些国家虽

---

① 尽管"战乱险"会赔偿外国投资者在东道国的投资因当地发生的战争等军事行为或者内乱而遭受的财产破坏等直接经济损失,但是在生产经营活动中所遭受的间接经济损失是无法得到补偿的。

② 刚果(金)是非洲中部的一个国家,拥有世界上最优质的铜矿、钴矿、锡矿及钽铌矿,而且铜矿资源占世界资源总量的10%,居世界第二(根据中国商务部2009年发布的《对外投资合作国别地区指南》)。因此,即使刚果(金)腐败严重,物质、医疗措施极度匮乏,并且经常发生政局动乱等风险,但还是中国企业投资的热门国家之一。

③ 参见蒋柳红:《试论中国企业在非洲矿产的投资方式、风险分析及应对策略》,载《市场论坛》2013年第5期。

④ 参见毛岚、罗华伟:《中国企业非洲投资财务风险成因及对策分析》,载《商场现代化》2017年第7期。

然短期内不太可能有大规模的战争爆发，但是抢劫、偷盗、地区冲突等事件频频发生。[①]

由于欧美等国家已经在非洲经营多年，与当地的纽带更加牢靠，对投资环境更加熟悉，所以这些国家往往更容易获得那些在投资环境和投资收益更有保障的投资项目。相反，中国开始大规模直接投资非洲的时间相对比较晚，获得更多的是一些金融和政治风险系数相对偏低的国家的投资项目。矿业资源开发项目一般都是在比较偏僻的山区或者丛林地带作业，在项目启动前，当地政府一般都很少治理这些区域，同时，这些区域又多是一些犯罪团伙和反政府武装活动范围。由于中国企业在他们长期占据的地方建厂开矿进行开发活动，使当地政府也加强了对这些区域的管理，自然会削弱犯罪分子和反政府武装对这些区域的控制，影响到了他们的利益，中国企业也就成了他们仇恨的对象。这也是针对中国企业的绑架和袭击等暴力犯罪事件呈现上升态势的原因之一，这些恐怖袭击也已经成为中国海外投资企业人员安全的最主要威胁。[②]

（三）第三国政府干预风险

赴非投资的中国企业所面临的政治风险不仅仅来自非洲国家内部。随着中国在非洲投资的力度和规模的加大，在与非洲各国的不断合作中，很多企业对非投资呈现从单纯投资向深度扎根转变的新趋势，这也给中国投资人赴非洲投资带来了新的风险点，即第三国干预风险。第三国政府干预风险包括“第三国政府直接采取制裁措施的风险和第三国给予东道国压力与引诱，对东道国政府决策产生负面影响和不确定性风险”[③]。

---

① 南非是非洲中国人数最多的国家，也是中国企业员工遭受暴力事件最多的国家。其他国家如加纳、尼日利亚、刚果（布）、喀麦隆也都发生了针对中国员工的恶性绑架行为。以苏丹为例，中国工人被绑架的案件时有发生，2007 年的前 3 个月内，尼日利亚就连续发生了 3 起中国工人被绑架事件。2017 年 12 月，4 名中国公民在尼日利亚被海盗绑架。2018 年 12 月，3 名中国工人在尼日利亚奥贡州失踪。2019 年 4 月 24 日，尼日利亚东南部埃邦伊州奥霍扎拉的建筑工地上，两名中国工人被一群蒙面持枪的武装男子绑架。

② 针对日趋猖獗的对华人发生的暴力犯罪行为，为更好地维护当地华人的人身安全，津巴布韦中央警察局成立了中国科来专门处理和解决针对中国人的各类案件。

③ 梁静波：《中国企业海外投资的政治风险与对策》，载《求实》2013 年第 4 期。

事实上,近年来一些国家对中国投资非洲的敌视态度有增无减,如日本、印度等,尤其是美国,都在通过不断增加与非洲的合作关系来削弱中国在非洲的影响力,加大中非合作的困难。

美国一直指责中国的"补贴行为"是"不守规则"的,并从 2006 年开始就对中国进行反倾销反补贴合并调查,并发起了几十个诉讼。在多次诉讼失败后,美国国会又在 2010 年通过了一个修正法案,规定可以对非市场经济国家进行反补贴调查,同时规定可追溯到 2006 年,这是不符合国际规则的。这些行为都是为了给中非经济合作带来阻碍和压力。

除此之外,西方一些国家近年来不断打着"保护的责任"①的旗号,推行"新干涉主义"。虽然"保护的责任"在处理某些地区热点问题上有一定积极意义,但是很容易被一些别有用心的国家滥用来改变政权。如 2011 年的利比亚事件,就是以北约为首的多国部队对利比亚实施军事打击,导致利比亚政权更迭。西方一些国家对非洲部分国家推行的这种新的干预模式,也必然增加非洲的政治风险。另外,有些外国媒体不断地指责中国给非洲带来了负面影响,如"中国加剧非洲债务负担""中国威胁论""仅仅是为了开发非洲丰厚的自然资源""忽视人权以及环境标准"等言论,把正常投资合作形成的债务放大,并攻击和诋毁中国和非洲国家间共赢的合作关系。长而久之,中国企业在非洲投资的相对友好的政治环境一定会受到影响,同时也会加剧中国企业赴非投资过程中所面临的不确定性和风险。

尤其是有计划在非洲投资合作石油、天然气等能源领域的中国企业,就更可能面临第三国干预的风险,其中潜在的损失可能是针对东道国经济封锁的连带性损失、无法进入美国市场、不能在美国融资等。还需要注意第三国还有可能利用东道国对其政治和经济上的依赖,向东道国施加压力或者进行诱惑,使东道国决策时候发生改变,阻止外国企业对东道国投资,最后有可能给投资的企业带来难以弥补的重大损失。② 例如,中国石油企业在

---

① "保护的责任"概念,首先由加拿大提出,后来被写入联合国成立 60 周年首脑会议公报,并将"保护的责任"的实施限制在下列情形:种族灭绝、战争罪、族裔清洗和危害人类罪。

② 参见梁静波:《中国企业海外投资的政治风险与对策》,载《求实》2013 年第 4 期。

苏丹油田等跨国经营活动时就受到美国等国家的政府干预措施。在历史上，苏丹曾经是美国的亲密盟友。但是，1997 年 11 月，美国对苏丹通过“冻结苏丹在美国资产”“贸易禁运”“禁止美国公司和个人为苏丹提供金融服务”等措施实施了全面的经济制裁，美国的石油公司也因此被苏丹排除在外。

20 世纪 90 年代，西方国家陆续退出苏丹时，中国石油企业通过联合投资方式涉足苏丹石油勘探开发，逐渐成为苏丹主要油田的最大股东和苏丹最大的贸易伙伴。经过几年的发展，苏丹从曾经的最贫穷落后的国家一跃成为非洲经济增长最快的国家之一。苏丹对中国而言，拥有极其重要的全球石油战略的位置。中国在苏丹拥有目前海外最大规模的石油投资，这些投资不仅对开发苏丹的石油资源必不可少，而且是中国将来开发整个非洲石油的立足点。但是，美国公司不肯就此放弃在苏丹的巨大经济利益，它们谋求重返苏丹，继续获取苏丹的石油财富。为此，美国对苏丹使用了其惯用的“胡萝卜加大棒”政策。一方面，用取消经济制裁引诱苏丹；另一方面，用加强制裁来迫使苏丹软化态度，而后一招在对付利比亚时起到了作用。美国在 2004 年 6 月 30 日和 7 月 22 日向联合国安理会提交了两项决议草案，分别要求对达尔富尔地区的部族武装实施武器禁运和旅行禁令等制裁措施，如果苏丹在未来 30 日内仍不能平息达尔富尔地区的动乱，国际社会将对苏丹进行制裁。对苏丹达尔富尔问题决议草案在 7 月 30 日以 13 票支持，两票弃权在安理会通过。① 2004 年 8 月 8 日，苏丹驻阿尔及利亚大使召开新闻发布会，指出美国“捏造达尔富尔危机的真实目的是为了非洲大陆的石油”。无论美国的真实目的是什么，它的一系列举动对于在苏丹进行石油投资的中国企业来说已构成了来自第三国干预的政治风险，而联合国决议的通过使得苏丹达尔富尔危机全面国际化，也严重损害了中国的海外石油战略

---

① 这类主要发生在天然气、石油资源丰富的国家或地区的国际制裁新型政治风险，即第三国政府干预风险中的一类。遭受此类制裁的国家包括苏丹、伊朗、朝鲜等，如果与这些国家开展业务往来，就有可能承担此类制裁的风险。

和经济安全。[①]

(四)战乱风险实例:中国企业在利比亚战争中的损失索赔路径分析

长期以来,政治风险导致在国外投资的中国企业遭受了巨大经济损失,成为中国企业走出去的“瓶颈”。

2011 年的利比亚政权变更导致的动乱就是战争、内乱风险给在当地投资的中国企业带来巨大的损失的典型例子。利比亚是位于非洲北部的一个国家,2007 年,大量的中国企业开始奔赴利比亚开展投资项目。在 2011 年 2 月动荡发生前,已经有 75 家企业(包括 13 家央企)在利比亚开展了共计 50 个投资合作项目,主要集中在石油、房屋建筑、铁路建设等领域,其中有三四十家企业在利比亚从事规模较大的承包工程业务。在利比亚政局的动乱爆发后,虽然中国成功撤离 35860 名中国公民和 2100 名外籍人士,保证了人员安全,创造了世界撤侨史上的奇迹,但是由于合同搁浅、项目停止、工地和营地遭到洗劫和破坏等带来的固定资产和应收账款损失,从利比亚撤回的劳工的安置,“三角债”[②]等种种问题,据专家估计,中国企业在利比亚受损金额大约 200 亿美元(约合 1263 亿元人民币)。[③] 那么,面对如此重大的经济损失,中国

---

① 参见于海涛、金博:《美国部分解除对苏丹制裁对中国在苏石油业务的影响及对策分析》,载《国际石油经济》2018 年第 3 期;王冲:《美国谋求制裁苏丹为石油 是否威胁中国利益?》,载新浪网,http://mil. news. sina. com. cn/2004 - 08 - 10/0932216211. html;吴强:《苏丹危机挑战中国海外石油利益》,载《南风窗》2004 年第 18 期。

② 在利比亚动乱中中国企业遭受的“三角债”问题,主要是由于利比亚当地建筑材料非常缺乏,无法满足工程进度的需要,因此,中国企业的承包项目工程所需的建筑材料一般都是从国内采购然后运往利比亚的。但是由于利比亚战争爆发建筑项目中断,一些企业无法按期给付货款给上游原材料商,外加很多工程采用分包模式,所以导致三角债问题凸显。

③ 中资企业 200 亿美元的损失主要集中在三个方面:难以追回的工程垫付款、固定资产、原材料等的损失以及撤离人员安置费用,其中工程垫付款的损失尤为可观。由于工程类项目的特点,项目合同资金的支付方式一般是先付 15% 左右的预付款,再按工程进度付款。进度付款一般会延后 3 个月甚至半年,承包企业往往需要垫付购买原材料的款项。因此,一旦工程因不可控因素停止,施工进度越快的企业损失也越大。另外,由于利比亚项目中断,投资方出资引进的机械设备、购置的原材料只能留在施工现场。在战争中,这些资产必然受到损害。最后,3 万多名从利比亚撤回国内的劳工的安置费用以及不良债务的增加,也是中资企业面临的严重问题。除此之外,施工方工程中断,损失惨重,导致很多企业无法按期支付货款给上游原材料商,加上很多工程采用分包模式,也必然导致三角债问题凸显。参见戴贝:《中国企业在利比亚损失大》,载国际在线,http://news. cri. cn/gb/27824/2011/04/08/5311s3212073. htm。

企业是否能就本次因战乱造成的损失获得赔偿呢？对此，我们可从以下几种存在获赔可能的索赔方式来进行分析。

1. 保险赔付

我们要考虑的就是这些公司是否可以向保险公司申请赔付。事实上，为了支持中国企业向海外投资，成立于2001年的中国出口信用保险公司是中国唯一承办政策性出口信用保险业务的金融机构。它承保的险种包括：战争及政治暴乱险、征收险、汇兑限制险、政府违约险和承租人违约险。在利比亚危机爆发后，为了弥补中国企业在利比亚遭受的巨大损失，专业负责承保对外贸易和对外投资的中国出口信用保险公司紧急启动专项“理赔绿色通道”来审核和赔付投保的中资企业的赔付申请。但是与企业快速扩大的海外投资规模相比，我国海外投资保险的覆盖面是很低的。在利比亚开展投资项目的中国企业中只有少数企业购买了保险，而且一般只购买了商业险（如工程设备、结算等方面的保险），而非特别险①，因此最后获得的保额赔付不足4亿元。② 中国企业在利比亚受到巨额损失却得不到赔付的教训为其他海外投资者敲响了警钟，随后越来越多的企业开始专注对保险公司提供的海外投资的政治风险投保业务，这同时亦表明中国企业开始逐渐重视对投资环境的风险评估，并刺激了相应的投保需求。

2. 根据双边投资保护条约索赔

在投资国和东道国两国政府签订相关的双边投资保护协定的情况下，如果投资国在东道国的投资行为全部在已签署双边投资保护协定的国家中运行，那么在东道国政治风险发生时，投资国有权要求东道国就其在该国受到的

---

① 需要注意的是，与一般的商业险不同，战争及政治暴乱险是中国出口信用保险公司针对战乱等因素进行承保的特别险。如“买方所在国家和地区发生战争等不可抗力因素，导致买方或开证银行无法履行付款义务”，这是区别于一般商业险的重要特征。根据数据显示，在利比亚战争发生前，中国企业在外直接投资累计净额大约3047.5亿美元，而海外投资保险的承保责任余额为173亿美元，中国企业海外投资保额仅占5.68%。由此可见，中企在海外投资过程中存在投保额严重不足的问题。参见李禾：《中企利比亚受损200亿美元，保险赔付不足4亿》，载环球网2011年4月25日，https://finance.huanqiu.com/article/9CaKrnJqVdr。

② 根据中国出口信用保险公司在利比亚战争中的赔付数据显示，75家在利比亚投资的中企中只有葛洲坝集团、中国建材、北京建工集团和北京宏福建工集团等企业获得了总共大约4亿元人民币的理赔金。参见李禾：《中企利比亚受损200亿美元，保险赔付不足4亿》，载环球网2011年4月25日，https://finance.huanqiu.com/article/9CaKrnJqVdr。

损失进行赔偿。并且,在双边机制下,如果投资国国内的海外投资保险机构在东道国风险事故发生后,依保单约定向投保的企业支付了损害赔偿金,此保险公司享有代替企业向东道国政府索赔的代位权和其他相关权利及地位。[①]

由此可见,中国是否有权向利比亚政府提出索赔要求的焦点即集中在中国政府是否在利比亚战争发生前已与利比亚政府签订了双边投资保护条约。根据商务部发布的信息,截至2015年,中国已经与130多个国家和地区签署了共计大约600项双边性“促进和保护投资协定”,[②]但其中却不包括利比亚。因此,在中国和利比亚没有签订双边投资保护条约的前提下,中国企业在利比亚遭受的损失就无法在法律框架内得到解决和补偿。

3. 根据多边条约索赔

事实上,除了双边投资保护条约可以给缔约双方在法律框架内提供可以遵循的规定和程序外,投资国还可以通过与东道国共同作为缔约方签订的多边条约来进行索赔。

在国际上,涉及国际投资索赔的多边条约主要是在1965年3月18日由世界银行主持制定,并于1966年10月14日生效的《解决国家与他国国民间投资争端公约》,也称《华盛顿公约》,其宗旨就是为各缔约国(或缔约国向中心指定的该国的任何组成部分或机构)和其他缔约国的国民之间的投资争端提供调解和仲裁的便利。根据公约规定,在投资国和东道国同为该公约的缔约国前提下,如果外国投资者向东道国政府索赔不成,在双方同意的情况下,可以将争议提交解决投资争端国际中心进行调解或仲裁。[③] 中国于1990年2

---

① 此前中国与突尼斯、埃及解决海外投资纠纷就是很大程度上利用双边协定,保护了中资企业在当地的利益。

② 参见袁志丽:《商务部:中国已与130多个国家和地区签订投资协定》,载中国经济网,http://intl.ce.cn/specials/zxxx/201603/17/t20160317_9571808.shtml。

③ 根据《解决国家与他国国民间投资争端公约》的规定,各缔约国和其他缔约国国民提交到解决投资争端国际中心的争议将在国际复兴开发银行的主持下进行国际调解或仲裁。解决投资争端国际中心设有一个行政理事会、一个秘书处、一个调解员小组和一个仲裁员小组。国际复兴开发银行行长为行政理事会的主席,但无表决权。中心可以受理缔约国(或缔约国向中心指定的该国的任何组成部分或机构)和另一缔约国国民之间直接因投资而产生并经双方书面同意提交给中心的任何法律争端。而且当双方表示同意将争端递交到解决投资争端国际中心,并且后者确认中心对他们的争议有管辖权后,任何一方当事人不得单方面撤销此同意。

月8日在华盛顿签署了该公约，但是利比亚却没有加入。因此，中国企业在利比亚的损失也不能通过《华盛顿公约》来针对利比亚政府进行索赔。[①]

4."见索即付保函"的担保风险分析

由于利比亚动荡，中国企业在当地的承包项目纷纷停工，在中国政府帮助下，企业撤回全部工作人员，但却因此引发了一场利比亚银行的"见索即付保函"风波。这次风波主要指的是利比亚相关银行向为在当地承包工程项目的中国企业开立了"预付款保函"和"履约保函"的中国银行提出索赔的事件，利比亚银行的索赔额度均达数亿元，成为中国和利比亚双方关于战争索赔争议的焦点。

事实上，由于国际工程承包合同的履行期一般都很长，标的额巨大，为了确保"能顺利履行和快速地实现债权，东道国业主通常要求外国承包商提供履约或预付款担保，见索即付保函由此产生"[②]。"预付款保函"和"履约保函"都属于"见索即付保函"，常用于建筑合同和国际货物销售合同，多由银行出具。"预付款保函"（或还款保函）具体指的是业主和承包商签署协议时，业主交给承包商一笔工程预付款，而承包商交给业主等数额的银行保函，其实就是承包商通过银行向业主开具的按规定履行合同义务，否则需偿还预付款的担保书。但是由于利比亚的国内法律强制要求当地业主不得直接接受外国银行开立的保函，银行保函必须由利比亚银行或者其认定的他国银行转开，因此，在这次事件中，中国银行在利比亚的保函基本是反担保保函，转开行多数是利比亚当地银行。而且按照约定，承包商如果未能按约定完全履行合同，且没有把业主支付的预付款退还的话，作为第三方的银行将代替承包商赔付或者退还这笔款项，然后有权向承包商索赔预付款的本金及利息。"履约保函"是按合同金额的规定比例出具的、针对合同从始至末的主要责任履行进行的一种担保。

---

① 除此之外，由战争、内乱等原因给外国投资者的投资项目带来损失的，还需要查看东道国的国内法对于赔偿事宜是如何规定的。利比亚1997年颁布《鼓励外国资本投资法》详细规定了外资进入的条件和程序、允许外资投资的领域、对外资项目的豁免、外资享有的权利和优惠、对外国投资的保障和保护，但并未就利比亚政府的赔偿事宜做出规定。所以，中国企业亦很难依据利比亚现行法律提出索赔。

② 参见郭德香：《见索即付保函的担保风险及其防控对策——由"利比亚银行保函延期事件"引发的思考》，载《法商研究》2012年第5期。

“见索即付保函”具有独特的担保功能，能为国际债权人提供高效快捷的担保，因此在国际工程承包项目中被广泛应用。其主要特征体现在：第一，它是对传统担保的巨大创新，其独立于基础交易，与基础合同项下所分别产生的各当事人的权利和义务是相互独立的。第二，它具有对受益人绝对保障的特性。银行作为担保人，也是对受益人债权快速实现的绝对保障，因此“见索即付保函”被认为是“手中现金”。第三，它具有简单快捷的特征。原则上，担保人对单证的审核责任仅限于表面相符。在单证一致情况下，只要受益人提交了与保函条款完全相符的索赔要求，担保人即须付款。①

利比亚的“见索即付保函”索赔事件是近年来外国银行启动不延期即付款条款在国际工程承包领域对中国担保银行进行集中索款的典型案件。“见索即付保函”如同一把“双刃剑”，虽然其独特的“先付款、后争议”的特征，在国际工程承包和国际贸易中为债权人提供了绝对、高效、快捷的担保，但同时也难免滋生欺诈性索赔的风险，可能为海外投资承揽国际工程承包项目的担保人带来巨大的担保风险。

首先，“见索即付保函”的独立、严格的担保责任特征决定了其担保的效力不受基础合同瑕疵的影响。因此，在利比亚“见索即付保函”索赔事件中，只要利比亚业主和利比亚银行提交的单证表面相符，提供担保的中国银行无权审查单证的真伪，无权调查基础承包合同的签订和履行情况，所以就算存在欺诈行为，在未有确凿证据证明之前，担保银行也必须承担第一位的“绝对的、无条件的、不可撤销的见索即付责任”，这势必给提供担保的中国银行带来受益人的欺诈索款风险，以及付款后由于中国企业在利比亚项目遭受了巨大损失而无法对担保银行进行补偿的两种信用风险的可能性。②

---

① 参见郭德香：《见索即付保函的担保风险及其防控对策——由“利比亚银行保函延期事件”引发的思考》，载《法商研究》2012 年第 5 期。

② 比如在利比亚银行的“见索即付保函”风波中，据了解，利比亚业主并未提出工程交付要求，而且“预付款保函”还有半年甚至更久才到期，但利比亚银行却滥用权利提前索赔，向中国担保银行提出延期和不延期即付款要求，利比亚银行此举存在恶意索赔，甚至欺诈索款嫌疑。参见王凯山：《利比亚银行要求中方延期保函——国内银行尚无回应》，载东方网，http://news.eastday.com/w/20110405/u1a5824497.html。

其次,“见索即付保函”有直接独立保函和间接独立保函两种形式。正如上文提到的,在利比亚事件引起的保函纠纷中,中国担保银行和利比亚银行之间多为间接保函形式。间接保函的基本结构是中国承包商的中国母公司向中国银行提供反担保,并申请中国银行向利比亚本地银行开具“见索即付”反担保保函,最后由利比亚本地银行向业主转交保函。由于间接独立保函形式中涉及的法律关系交错复杂[①],合同数量繁多,以及中国和利比亚两国法律差异性巨大,因此潜在的法律风险也更大。

最后,在利比亚的“见索即付保函”索赔事件中,由于利比亚爆发战争,中国企业只能被迫中断建设中的工程并撤回全部劳工,因此面临无法如期完工的可能性。根据“预付款保函”和“履约保函”的相关条款,利比亚撒哈拉银行和利比亚共和国银行提出了“不延期即付款”的请求。但是在索赔要求提出的2011年3月末,战乱局势还在不断演变、未来难测,立刻赔偿预付款的本金和利息对于已经损失惨重的中国企业来说无疑是雪上加霜,战争何时结束、战后还是否可以重启中断的项目等还都是未知数。但是如果将保函延期的话就会产生巨额的保函手续费,继续增加企业的损失,使风险变得更加难以控制。而且,如果银行保函被索兑,很多中国企业可能就会面对资金链断裂的境地,也将失去与利比亚业主谈判的重要筹码。

同时,中国担保银行也同样陷入两难境地,如果选择立即支付预付款本金和利息,巨额的担保金额会使担保银行陷入筹款的巨大经济压力之中。但是如果选择保函延期的话,那就意味着其担保责任的期限也被相应的延长,多次延期后还有变为无期限保函的风险,担保期限的不确定会导致中国银行的担保责任也变得不确定,势必使担保银行面临更大的风险。[②]

---

① 参见郭德香:《见索即付保函的担保风险及其防控对策——由“利比亚银行保函延期事件”引发的思考》,载《法商研究》2012年第5期。在利比亚间接独立保函纠纷中,牵涉多重合同关系,包括中国承包商与利比亚业主之间的工程承包合同关系、中国承包商与中国担保银行之间的委托担保合同关系、中国担保银行与利比亚银行之间的委托担保合同关系及反担保合同关系、利比亚业主与其本国银行之间的转开保函合同关系。这些复杂的法律关系涉及的当事人请求权利保护和履行义务可能会出现多种法律方面的障碍和冲突,相应地会给担保银行带来更大的风险。

② 参见郭德香:《见索即付保函的担保风险及其防控对策——由“利比亚银行保函延期事件”引发的思考》,载《法商研究》2012年第5期。

虽然在收到利比亚银行索赔后，中国商务部与国务院国有资产监督管理委员会（以下简称国资委）、原中国银行业监督管理委员会（以下简称银监会）和最高人民法院配合，指导中国企业和有关银行如何妥善回应对利比亚银行的“不延期即付款”要求，但是，就算采取司法救济手段，中国企业申请到法院的止付令，也不能作为银行拒绝赔付的理由。因为大多数中国企业在合同中已经约定合同适用的法律是利比亚法律法规，不适用任何其他国家的法律以及国际惯例，而利比亚1997年颁布的180号法律明确规定，即使是法院止付令，也不能作为银行拒绝赔付的理由。① 而且即使利比亚银行撤回索赔要求，中国银行和中国企业海外投资的信用记录都将被抹黑，那么将会给今后开展海外业务造成潜在的不良影响。

（五）腐败风险

众所周知，腐败现象是具有全球性的，它并不是某一个国家所特有的，但是我们又不得不承认，贫穷落后的国家受到的影响更为显著。在透明国际组织的“全球腐败晴雨表”报告中的题为“民众与腐败：非洲调查2015”的报告中，商业领域首次被列入腐败多发领域，且已成为位于警察腐败之后的第二大腐败。②

对于非洲的可持续性经济增长、和平、稳定和发展最为严峻的挑战是腐

---

① 需要注意的是，20世纪90年代就发生过利比亚银行向中国企业提出保函索赔的事件，中间还牵扯银行欺诈等问题。本来中国企业在法律角度是占有很大的优势的，可是在英国进行的仲裁持续了20多年后，中国企业还是输了，最后的律师费比保函索赔费还要高。参见北京仲裁委员会：《利比亚及北非中东危机影响下中国企业应对策略系列研讨之停工、索赔与终止》会议记录，2011年4月8日。

② 根据这份报告，非洲10个腐败最严重的国家分别为：塞阿里昂、利比里亚、肯尼亚、利比亚、津巴布韦、莫桑比克、喀麦隆、安哥拉、几内亚比绍、乌干达。特别需要提及的是尼日利亚，虽然他不在非洲十大腐败最严重的国家之列，但据报道，尼日利亚独立腐败及相关违法行为委员会表示，当前尼日利亚深受腐败困扰。尼日利亚94%的受访者认为所有或部分官员存在腐败，而尼日利亚60%的腐败案与采购相关，惩治腐败必须从规范和监督采购行为开始，该委员会将推动立法机构和执法部门采取切实行动，严厉惩处采购过程中出现的任何不法行为。这不仅需要尼日利亚立法机构和执法部门加强规范和监督采购行为，还需其从采购方式和采购渠道等方面进行改革，而afrindex.com等跨境B2B平台或能为非洲政府采购提供更合理、更规范和透明化的采购解决方案。参见中非贸易研究中心：《非洲十大腐败最严重的国家，尼日利亚60%的腐败案与采购有关》，载中非贸易研究中心网2016年11月30日，http://news.afrindex.com/zixun/article7852.html。

败。正如穆夫鲁吉所言,“腐败是非洲经济增长的最大威胁”[①]。比如在矿业领域,非洲国家对矿业知识缺乏,该弱点往往被外国投资者利用,并在缺乏必要的程序的情况下,草率达成矿业协议。而且这些外国投资公司在采矿的时候根本不注意环境问题,导致非洲大陆矿业损失数10亿美元。[②] 与此同时,腐败的存在使得平等竞争原则得不到体现,并将加速竞争触及底线,对于非洲国家和投资者来说会带来风险溢价[③],即更低的执行标准、更低的可信赖度以及对合同有分歧时更少的追索途径。腐败带来的这些问题不仅扼杀了非洲经济增长,更“吓跑了”外国投资者,也会危害中国企业在非投资的安全与利益。

中国企业在非洲投资的腐败风险可以大体分为两类,即政治腐败风险与文化腐败风险。

1. 政治腐败风险

很多大的投资项目,投资的收益和成果往往受到东道国政治、文化、法律等因素影响,那么中国企业就难免与东道国的政府打交道。在这个过程中,当地政府的政治廉洁水平和政治环境安全就成为中国企业在非投资的腐败风险的重要基础。

事实上,在一些非洲国家,政府官员腐败已经屡见不鲜,更有甚者已经形成了集体政治腐败的情况。有的国家甚至有政府官员主动暗示外国投资商只有通过贿赂的方式才能“提供便利”让投资项目顺利进行。有的外国企业为了获取机遇、便利与提高效率,有的害怕项目受阻、为了避免损失等,都会

① 根据坦桑尼亚投资公司 Infotech 的首席执行官穆夫鲁吉(AliMufuruki)发言。参见《过半非洲人无奈行贿 腐败成经济最大制约》,载第一财经网2016年1月10日,https://www.yicai.com/news/4736886.html。

② Laurence M. Stevens, *Africa losing billions in mining sector-Afrodad*, Africa Mining Market (Nov. 27,2018), https://africanminingmarket.com/africa-losing-billions-in-mining-sector-afrodad/3037/.

③ 风险溢价是金融经济学的核心概念,指的是投资人要求较高的收益以抵消更大的风险。投资者在面对不同风险的高低,且清楚高风险高报酬、低风险低报酬的情况下,因投资者对风险的承受度,影响其是否要冒风险获得较高的报酬,或是只接受已经确定的收益,放弃冒风险可能得到的较高报酬。已经确定的收益与冒风险所得收益之间的差,即为风险溢价,是投资者要求对其自身承担风险的补偿。

妥协甚至迎合腐败。外国投资者的这些行为更加助长了非洲政府腐败的风气,使非洲腐败之风愈演愈烈,成为外国投资者不得不遵循的“潜规则”。

2. 文化腐败风险

非洲文化腐败同样不可忽视。非洲大陆国家法律制度多样,各国针对反腐败的政策和制度也不尽相同。各国还受到不同宗教文化的影响,对腐败行为的认知和判断也不一致,这就造成有的国家反腐败立法不完善、执法不力,国家及其国民对腐败持纵容态度,这些都无形地增加了外国投资者面临的腐败风险。①

值得一提的是,非洲各国普遍意识到了腐败问题对于非洲经济、社会发展、吸引国外投资、推进非洲工业化进程带来的严重阻碍。很多国家都以制定反腐败立法、组建反腐败专门机构等方式来清除这个“毒瘤”。

一些国家经过多年来不懈的努力,取得了卓越的成果,如尼日利亚、博茨瓦纳等。② 另外,积极地参与反腐败的国际合作也是非洲国家反腐的有力手段。③

二、经济风险

由于经济发展水平、政治、经济和法律体系的差别,非洲各国的金融政策和金融体系也大相径庭。总体而言,非洲国家金融市场发展普遍不完善,也正因如此,市场发展潜力巨大的同时,国家经济的增长往往伴随较高的金融

---

① 关于外国投资者在非洲面临的腐败风险这一问题,可以参见洪永红、龙婷:《赴非洲投资应谨慎应对腐败问题》,载《中国投资(中英文)》2020 年 Z8 期。

② 尼日利亚从 2015 年布哈里总统上任以来就掀起了反腐倡廉之风,包括多名最高法院法官在内的很多国家司法工作人员都因为收受当事人一方的贿赂,在审判中违反公正、公平原则的判决而被拉下马。博茨瓦纳曾经是腐败极其严重的国家,政界的腐败丑闻层出不穷,上至议会下至城乡县政府,都存在一定额度的贪污现象,但是经过近 20 年的努力,通过一系列反腐败专项立法、成立反腐败和经济犯罪理事会等方法,其国内的腐败问题已经明显好转,甚至被称为“最干净的国家之一”。参见洪永红、龙婷:《赴非洲投资应谨慎应对腐败问题》,载《中国投资(中英文)》2020 年 Z8 期。

③ 比如,2003 年非洲联盟制定了预防和打击腐败公约。2012 年联合国和非洲联盟组织了一个高级别的反腐败工作小组来找到控制撒哈拉以南非洲非法资金流的方法。2016 年的第三届全球非洲投资峰会上也一再强调“公共部门的高腐败率阻碍了非洲政府推动工业化的政策实施……”为了加快非洲工业化,就必须消除腐败,并讨论了腐败的解决方法,尤其强调透明度和问责制。

风险。近年来,越来越多的中国民营企业加入非洲投资的庞大队伍中,这些民营企业家对非洲投资充满创业激情,并对非洲国家的经济发展潜力非常有信心,投资动机已经逐渐由资源获取转变为市场寻求。也正因如此,他们愿意承担更大的风险,倾向于在非洲这片“最后的黄金地”中选择经济规模更大、金融市场比较完善或金融风险相对比较高的国家进行投资。①

总之,中国企业需要充分了解所在国的金融政策,货币市场的状况,掌握汇率变动的规律,做好资金规划,降低汇率波动带来的风险。而要做好这些,需要对如下几项的具体经济风险有所了解。

(一)货币风险

非洲的货币体系复杂,54 个主权国家共流通着 40 多种货币。各国由于自身银行、保险、证券市场发展的不同状态形成和建立了各自不同的金融监管体系,各国发行的不同货币之间大多不能自由兑换硬通货,不能在国际贸易中起到支付的作用,货币稳定性差。

1. 汇率风险

一般而言,外国投资者在非洲投资会需要用本国货币与投资所在国的货币进行兑换。而非洲各国间存在不同的货币发行机构,发行准备制度的差异导致各国货币内在价值和汇率的不稳定。再加上复杂的政治局势、不平衡的经济结构与不健全的金融和法律体系等因素,非洲货币价值经常发生剧烈波动。而对于中国赴非投资的企业来说,由于很多投资项目回收的经济周期普遍比较长,如果东道国货币对国际主要流通货币持续大幅贬值,就会造成合同收入总体缩水;或者东道国货币对人民币的汇率波动,造成货币兑换及项目账务折算的汇兑损益等。

另外,中国企业在非洲的项目一般都以美元计价,由于中国企业外汇风险意识不强,随着人民币升值、美元贬值,外汇变动也会给中国企业带来了巨额的损失,外汇风险管理的好坏已经成为项目盈亏的关键因素。

---

① 参见沈军、包小玲:《中国对非洲直接投资的影响因素——基于金融发展与国家风险因素的实证研究》,载《国际金融研究》2013 年第 9 期。

2. 外汇管制风险

外汇管制在非洲国家普遍存在，这也给中国投资者带来一定的风险。虽然各国有权制定针对本国的外汇管理制度，但是这并不意味着其管制的范围、手段等是毫无限制的，各国都应该遵守国际上的相关规则。① 非洲国家的外汇管理制度可以大体上分为三类：第一类是严格进行外汇管理的国家，比如埃及、塞拉利昂及摩洛哥等。通常情况下，这些国家对于非居民办理的经常项目外汇支付和资金项目都会加以限制，外汇流动性风险带来的结果是海外投资者赚的钱汇不出去，资金转移在当地受到很多限制。第二类是实行部分外汇管制的国家，比较有代表性的如加纳、赞比亚、坦桑尼亚及尼日利亚等。这类国家通常对资本项目外汇支付进行了限制，而对于非居民办理经常项目外汇支付一般比较放松或不加限制。到这些国家投资，一定要清楚各国外汇政策之间的差异性，随时关注其外汇政策的变动，避免不必要的外汇风险。第三类国家如毛里求斯、博茨瓦纳等，金融市场比较自由、开放，实行灵活的外汇管理制度，无外汇管制。②

另外，需要注意的是，由于外汇管理制度受国家的政治及经济形势影响比较大，有些国家的外汇政策说变就变，中国企业投资前，应该提前考察该国近些年来的外汇政策的稳定性，尽量避开到外汇政策变动风险高的非洲国家投资。

3. 外汇储备不足风险

非洲各国还存在外汇储备不足的问题。由于非洲国家工业落后，现阶段

---

① 《国际货币基金协定》和根据该协定成立的国际货币基金组织给各成员国设定了义务，成员国应该遵守。

② 部分非洲国家不允许追溯审批，这意味着如果外国资金在流入东道国前未获得批准，则对外流出时可能会遇到麻烦。比如中国企业在非洲进行承包项目工程时，经常遇到承包商在当地获得的承包工程项下利润汇出时，需要政府部门的审批，而审批的时限一般较长，加上业主在出具进度证明及验证书时经常拖延，因此承包商的收汇进度经常受到严重影响。在汇率大幅波动的情况下，这个问题经常给中国企业造成经济损失。值得一提的是，在人民币被纳入特别提款权（SDR）货币篮子后，很多非洲国家都把自己的部分储备货币转换成了人民币。还有一些国家，如津巴布韦和安哥拉，已承认人民币为法定货币。更多的非洲国家则选择同中国签署货币互换协议，如果中国企业在这些国家投资就不用担心换汇可能带来的风险了。

以进口外国成品,出口农业产品和能源等原材料的经济模式为主要格局,很难形成贸易顺差来提高国家的优质外汇储备,因此产生了国际流通货币紧缺,本币贬值的情况,对中国企业的原料进口、生产经营、收益等方面造成了很大的汇兑损失。同时非洲国家逐年上涨的外债总额,也加剧了中国企业在非洲投资所面临的金融风险。①

4. 银行系统风险

长期以来,非洲的整体经济发展水平的落后导致了非洲金融市场很不发达。许多国家都存在政府对本国国内银行业干预过度的问题,有的国家实行银行业国有化政策,以实现政府对银行业的严格管控。同时,非洲国家的银行规模小,而且业务主要集中在大城市,尤其是各国的首都,同时存在金融服务品种少,且支付和结算系统落后等问题。广大农村或偏远地区没有必备的金融设施,银行系统办事效率也普遍低下。因此,非洲国家国内很难建立或发展起高效率的金融机构与金融市场。

5. 金融政策风险

对于中国企业来说,在非洲国家投资就难免与当地的银行业和金融机构打交道。很多非洲国家尚未实现完全市场化和全面的开放政策,而且各个国家有关银行业立法体系千差万别,规范银行业金融机构及其活动的法律法规的种类和数量又非常巨大且变动较为频繁。

而且,非洲的很多国家都规定,如果未依法经有关许可而开展银行业务

---

① 据统计,2015 年非洲的外债总额为 5803 亿美元,占国内生产总值的 25.3%,而到了 2016 年已经达到 6408 亿美元,占国内生产总额的 27.8%。世界银行对外债总额的定义是指拖欠非居民的以外币、货物或服务形式偿付的债务。外债总额是公共债务、公共担保债务和私人无担保长期债务、使用国际货币基金组织贷款和短期债务的总和。短期债务包括所有原定偿还期 1 年(含)以下的所有债务和长期债务的拖欠利息。与此同时,根据非洲开发银行公布的 2020 年非洲经济展望报告中得出的数据,2008 年至 2018 年 10 年间,非洲各国公共债务占非洲大陆 GDP 的比例从 38% 飙升至 56%。值得注意的是,与中国企业进行产能合作的部分主要国家在债务方面增长的趋势更为显著,这也给中非合作带来了不可预知的风险。除此之外,非洲开发银行还指出,非洲各国不是只有对外债务发生了显著增加。由于需要弥补基础设施建设不足,公共支出和资本投资随之加大,导致其对内债务也有所上涨(截至 2020 年 2 月,已超过 GDP 的 35%)。参见驻马里使馆经商处:《非洲国家公共债务十年间大幅飙升》,载中华人民共和国商务部网 2020 年 2 月 4 日,http://ml.mofcom.gov.cn/article/jmxw/202002/20200202934619.shtml。

将被认定为犯罪行为。为了避免为日后的经营活动埋下不必要的投资失败的隐患,中国企业在东道国开展涉及银行及金融业务前一定要做足功课,不但应尽早掌握东道国负责监管银行业的各个机构的结构、组织职能等必要信息,还要对相关监管机构制定发布的各项政策、法规进行深入学习,及时关注该国相关法律、法规的最新变化,避免因为疏忽等原因没有遵守必要的法定程序而违反东道国银行、金融方面的禁止或限制性法律法规,带来不必要的麻烦和损失。除此之外,部分非洲国家还发生过因为金融危机等导致当地银行倒闭的事件,这就需要中国企业赴非投资时要特别注意考察当地银行的财务状况和风险防范体系,避免不必要的投资风险。①

(二)税务风险

根据历史数据,非洲并非一直推行税收优惠政策。一般情况下,非洲的公司税的税率较高,利息和特许权的预提税率也较高。近年来,为了发展本国经济建设,越来越多的非洲国家对一些行业的外国投资者推出税收优惠政策,甚至免税来吸引外国企业到当地投资。但是,非洲各国税收制度的差异性可能给外国投资人带来巨大的经济损失。

1. 税制差异风险

由于在不同程度上受到了宗主国法律的影响,非洲各国之间的税收法律制度和征税办法差异很大,外加严格的外汇管制与潜在的汇率波动风险,企业在投资前,如果没有对投资国税制展开仔细研究,将会面临多种涉税风险。②

---

① 参见韩良主编:《非洲商事——法律制度精析》,中国法制出版社 2015 年版,第 153 ~ 154 页。中国企业在非洲国家开展涉及金融的商业活动过程中,一定要对以下问题格外注意:如东道国对开展银行业务的企业主体所作要求的有关法律、法规,以及当地法律对银行业金融机构的类型,开展银行业务的主体建立的组织机构,内容风险防范体系,财务会计制度,法律对银行业金融机构的董事、监事、高级管理人员等的资格要求,有关银行业金融机构审批的程序性事项等相关规定。

② 比如,河北某公司曾在埃塞俄比亚投资某项工程。但是由于项目期限跨度超过 3 年,期间汇率变动较大。项目所在国的税务机关需要按照业主工程量确认单,确定增值税和所得税纳税义务发生时间,而这个过程一般比较漫长。这家中国公司直到第二年年末才取得工程量确认单,但是项目成本在 2 年内均已陆续发生。由于期间汇率变动较大,当地货币贬值严重,导致项目的盈利情况严重偏离实际,形成了巨大盈利,所得税因而也大幅增加。

2. 居民身份认定上的风险

在全球范围内，各国企业所得税通常把纳税分为两类：居民企业，负有无限纳税义务；非居民企业，负有有限纳税义务。在海外投资的中国企业根据中国和非洲投资所在国的税法规定确定居民身份。实践中，中国企业往往比较两国的税收政策，选择对自己更有利的一国确认自己的居民身份，但是如果两国之间没有双边税收协定，这种行为可能会埋下很大的税收隐患，企业可能会面临重复征税的风险。①

3. 转让定价风险

跨国公司通过关联交易操纵转让定价，使企业利润从高税国向低税国转移的问题，已引起世界各国的高度重视，并成为重点打击的对象。为了保障本国的税收权益不受侵犯，许多国家加大管理力度，严格规制关联企业的转让定价行为。

随着全球一体化进程的加快，很多跨国企业可能面临区域总部、供应链结构和销售模式的一系列转型。如何加强内部转让定价管理，最大限度地控制税务风险及增强财务确定性，对企业来说至关重要。如果这些转型改变了现有的关联交易模式和关联定价政策，就可能引发投资国对转让定价的审查和调整，企业不仅要补缴税款和罚款，还要面临丧失税收信誉等风险。②

4. 税收筹划风险

为降低整体税负，很多企业积极开展税收筹划。但在筹划过程中，不遵从税法、对有关税收政策运用和执行不到位等原因，将导致相应税务风险的产生。同时，目前国内税法对“走出去”企业的境外业务陆续出台相应的政策规定，企业不熟悉相关税法规定而开展不良税收筹划，或者未依法准确申报，容易带来税务检查或特别纳税调整的风险。企业也要避免过度筹划，陷入不

---

① 参见韩良主编：《非洲商事——法律制度精析》，中国法制出版社 2015 年版，第 198 ~ 199 页。

② 关于这类风险，我们可以举个例子说明，比如某公司在加纳成立了单独的销售公司，而在中国和加纳两国之间暂未签订税收协定的情况下，企业一旦操作失当，就很容易面临被认定为转让定价行为的风险。因此，我们提醒赴非投资的中国企业，如果在加纳成立单纯的销售公司，应注意关联销售过程中的转让定价问题，如药价是否公允、往来费用分配是否合理等，同时加强关联交易申报和同期资料管理，避免遭受跨境关联交易转让定价调查和调整。

合法避税的误区。

(三)双边税收协定条款风险

非洲国家为了发展本地经济,吸引更多的外商投资,制定和出台了很多税收优惠政策。但是,中国赴非投资的企业要注意中国和被投资国税收优惠的冲突风险。中国企业是否可以享受这些优惠,一方面取决于东道国最后是否能够兑现这些承诺,另一方面取决于中国是否与该国签订了双边税收协定,以及协定中是否明确承认这些税收优惠。①

简言之,中国企业赴非投资常面临很多税收法律风险。实践中,有的中国企业没有对东道国的税收法律环境做好相关事先调研,尤其是对其中有关转让定价和税收抵免等的规定和政策不够了解,同时也没有去深入研究中国与东道国之间谈判及签署相关税收协议的情况,更没有全面掌握运用两国间相互协商机制来维护自身税收权益的方法,最后不得不支付高昂的税收成本,甚至引发致命的税收风险。

因此,这就要求中国企业在投资项目启动前,应当全盘考量非洲各国的税收政策,特别是自己所要投资的行业的优惠政策和特殊业务的处理规定,以避免发生"走得出去"却"走不下去"的尴尬局面。

(四)投资退出风险

很多在非洲投资的中国企业在决定撤回在东道国投资的时候还可能遭遇投资无法顺利退出的风险。此类风险主要体现在以下几个方面:首先,由于股权转让协议存在问题,出现股权转让协议的违约和/或造成当地关联方违约等情形的发生,最终引起不必要的法律风险与负担。其次,由于中国国内的证券市场规模很大、流动性非常强,但是非洲一些国家如加纳的证券市场的市场量非常小、流动性不够,在这种情况下,如果中国企业选择当地上市退出方式,就可能会面临一定的风险。最后,在中国企业通过清算方式退出时,若不了解当地的清算法和破产法,也会产生相应的法律问题。

① 参见韩良主编:《非洲商事——法律制度精析》,中国法制出版社2015年版,第200~201页。

三、法律风险

2020年12月2日公布的《在非洲中资企业法律服务需求调研报告》显示，参加调研的企业在非洲当地经营过程中100%都遇到过各种法律问题或纠纷，其中问题主要集中在劳动用工、税务、合同及行政管理纠纷等方面。①

上述法律问题和纠纷出现的原因大致可总结为两个方面：首先，非洲很多国家法律体系不完善、不健全。这体现在非洲很多国家在涉及劳工、投资、外贸、保险等方面没有明确的法律规定，或者存在法律和政策执行方面的障碍，中国企业在投资过程中不经意就受到当地法律的处罚；地方保护主义严重，中国企业常常受到不公平待遇。其次，有些中国企业在进入非洲市场前，没有做好调研、评估、准备工作，对东道国法律、法规信息理解不全面，导致试营业不久后就撤资停产，或在公司运作过程中遇到各种挫折和阻碍。因此，如果投资者希望赴非投资项目能顺利进行并获得预期收益，就不能忽视投资过程中可能存在的如下法律风险。②

（一）劳资法律风险

随着中非合作的不断发展和推进，中非两种迥然不同的文明碰撞由表及里，日益深入，而深层次的文化价值冲突也体现在了源源不断的劳资纠纷上，在实践中，劳资矛盾一直是中国企业水土不服的病状。

非洲当地廉价的劳动者及外国雇员很高的准入门槛，使劳资关系的妥善

---

① 2020年12月2日公布的《在非洲中资企业法律服务需求调研报告》是由北京德和衡律师事务所与中国社会科学院西亚非洲研究所非洲法律研究中心根据近30个非洲国家的50家中国企业的有效答卷的基础上形成的调研报告。在50家企业里，其中遇到过劳动用工问题的有43家、税务问题的有29家、合同纠纷问题的有29家，以及行政管理纠纷（指的主要是与地方执法部门如海关、劳工部、税务局等的纠纷）的也高达22家。如果计算企业经营中主要法律问题的百分比的话，劳动用工问题高居榜首竟高达86%、税务问题占58%、商业/商务合同纠纷也占58%，行政管理纠纷占44%，之后是债务纠纷28%、投资纠纷20%、外汇管制14%。参见北京德和衡律师事务所和中国社会科学院西亚非洲研究所非洲法律研究中心：《在非洲中资企业法律服务需求调研报告》，载德衡商法网2020年12月2日，http://www.deheng.com.cn:81/asp/newssql/html/202012415585534.htm。

② 在实践中，一家在科特迪瓦的中国农机装配公司就曾因为辞退当地员工引发罢工和官司，最后被判赔偿了一笔巨额费用才将问题解决。再如，2010年中国紫金矿业集团同中非发展基金达成合资公司运作收购Platmin的协议，但却被刚果（金）矿业部以多次收购违反“有关规定”为由，宣布收购无效。

处理成为中国在非洲投资者不得不面对的问题。劳资关系如果得不到合理的对待和处理,不但会影响工作效率、项目进程,还会不断激化公司中方代表和本地劳工之间的矛盾,最后可能给投资方带来不必要的法律后果和经济损失,因此劳资矛盾是中国商人在非洲投资必须重视的投资风险。

1. 劳动者权益保护风险

劳动者是劳资关系相对弱势的一方,非洲各国普遍通过宪法、法律、行政法规、政府规章等一系列的规范性文件对劳工的权益做了充分和全面的保护。很多非洲国家的劳动法沿用了原宗主国的劳动法,大多数国家以国际劳动组织的各项条约规定作为其立法蓝本。[①] 但个别中国企业在用工上不遵守法律,他们雇工不签合同,不缴保险,克扣当地员工工资,节假日强迫员工上班,还不支付加班费,根据企业自身需求随意解雇劳工,为了谋求更多的利润,剥削劳工的工资蓄力,甚至发放低于所在国规定的最低标准的工资等,这些违反当地劳动法、侵害员工合法利益的做法引发了劳资矛盾,甚至引起暴力事件,给企业造成了财产的损害和人员伤害。如 2008 年中国有色金属矿业集团和云南铜业集团在赞比亚合作经营的一家炼铜厂的建筑工人通过罢工抗议工资低,并要求改善工作环境,后来演变为异常暴力事件。[②] 还有比较著名的 2012 年 8 月 4 日发生的赞比亚科蓝煤矿暴动事件,造成了 1 名中国员工死亡和 4 人受伤的严重后果,而事件的导火线也是工资问题。2012 年 7 月 4 日,利比亚政府宣布了一项有关工资标准的新政策,规定在煤矿等工地工作的工人,最低工资标准是每月 230 美元。但是,当时科蓝煤矿矿工的月工资平均只有 150 美元。直到事件发生当天,新的工资标准还没有在公司得到执行。工人们很气愤科蓝煤矿延迟执行每月 230 美元最低工资标准的行为,于是大约有三四百名当地工人持木棒等工具冲击矿井、宿舍,抢劫财物,袭击了该工

---

① 需要注意的是非洲劳动的普遍特点,非洲各国普遍经济不太发达,劳工的素质不太高,但是绝大多数非洲人都有自己的原始宗教,也有伊斯兰教、基督教等,生活方式和人生观、价值观也比较原生态。他们普遍非常注重自己的合法休息时间。很多中国雇主不明白为什么不可以通过加班获得更多工资来保障生活所需,但非洲雇员普遍反对加班。因此,中国企业雇佣本地劳工的时候要格外注意尊重当地人的宗教、习惯、生活方式、价值观等方面的差异性,在当地劳动法律、法规的范围内管理员工。

② 参见钟燕雯:《试析中国企业在非洲投资的影响》,载《企业导报》2011 年第 2 期。

厂的中国籍员工。[①] 科蓝煤矿的内部人员表示，该煤矿其实已经在 8 月 2 日与当地矿业工会就最低工资达成了协议，但工会还没来得及通报给工人。加上中方管理人员存在语言障碍，未能与骚乱工人做好沟通，这才发生了冲击事件。当然，冲击演变为暴力事件，矿工存在一定的责任，赞比亚政府和当地主流媒体均认为，即使有劳资纠纷，工人也应通过理性、合法的手段表达诉求，而不应采取暴力手段。

对劳动者权益方面的保护也重点体现在各国劳动法有关工资制度的规定中，立法思想都普遍遵循了同工同酬、按劳分配等原则。有些国家还在法律中规定了工资逐年提高的原则。在实践中，因为非洲劳工多数不具备相应的生产技能，生产效率较低，导致中国企业支付给非洲劳工的工资待遇普遍低于同类工种的中国劳工。这也被认为是中国雇主没有实行同工同酬，压榨非洲劳动者，并被很多外国媒体扣上了“新殖民主义”、中国企业“压榨当地劳动者”的帽子。因此，中国企业应该致力于制定更合理的工资制度，例如规定对于雇员工资等级的确定与其劳动技能评级挂钩，来避免由于工资问题带来不必要的问题和风险。

---

① 关于科蓝煤矿的暴乱事件，中方的解释是该煤矿已经在 8 月 2 日与当地矿业工会就最低工资达成了协议。只是因为工会还没来得及通报工人，而中方管理人员存在语言障碍，未能与暴乱的工人做好沟通、解释清楚状况，所以最后导致了这次严重的工人暴乱事件。实践中，在赞比亚经常发生的工人暴乱的原因是多方面的。首先，根据赞比亚的劳动法，雇主须向雇员提供住房、午餐、交通、医疗等多项补贴，还要为从事煤炭等行业的工人提供防护服，替雇员缴纳养老金。雇员每周工作时间不能超过 48 小时。而大多数在赞比亚投资的中国公司都是私企，他们在赞比亚当地注册，没有中国母公司支持，经营的更多是利润低、风险高的行业。因此这些公司不愿意严格按照赞比亚当地严格的劳动法规和法令执行。为了降低用人成本，他们在当地雇佣的多是“临时工”，按日计酬。而矿工时不时停工，矿工的收入得不到保障，日益不满。外加很多企业管理人员与当地雇工之间的文化和语言障碍，沟通也经常出现问题，最后常常演变为劳资冲突或矿工暴动。另外需要注意的是赞比亚国内的政府和地方之间的矛盾。为了发展赞比亚经济，创造更多的就业机会，赞比亚政府会通过很多优惠政策来鼓励外国企业在当地投资开矿办厂。但是生活在“矿带地区”的人却对此非常不满，因为一些企业在开矿的过程中，造成了环境破坏、资源枯竭以及之前提到的劳资矛盾，因此在他们看来，对外国企业在当地投资开矿办厂的受益者只是外国的投资者和中央政府的官僚们，他们只是受害者，并没有在其中受益却要承受负面的结果，对此心存怨恨，但是又因为中央政府的强大，他们无可奈何，所以只能把敌视和怨恨的矛头转向在当地投资的外资企业。这也是为什么在赞比亚会有那么多的劳资矛盾，还经常演变为严重的暴动的主要原因。参见《赞比亚科蓝煤矿屡遭冲击　多重矛盾待化解》，载搜狐网，http://roll.sohu.com/20120810/n350358232.shtml。

2. 劳动组织风险

非洲劳工的法律意识极强，十分注重自身权益的保障机制，大多数非洲国家都把工会制度作为一项保障劳工权益、协调劳资关系的重要法律制度，并在其劳动法中对工会制度进行专章规定。法律规定雇员有自由成立、加入、退出工会的权利和自由，禁止任何机构对此设立前置审批或障碍条件。而工会有权代表雇员与雇主谈判，对雇主提出有利于雇员的要求，比如每年一度的工资谈判都会让资方付出更多的人力资源成本。因此，企业在法律的要求和当地工人的压力下都会成立工会。工会经常会接到员工的举报和投诉，而中国雇主普遍缺少与工会等组织打交道的经验，如果未能及时、妥善处理有关劳动权益等相关问题，工会就会组织工人集体罢工或游行，在此过程中就难免产生更加激烈的冲突，有的甚至面临集体劳动争议的风险。同时，如果雇主因为雇员参加合法罢工、游行而拒绝工作从而解除劳动合同，就会被认为是不公平解除，不但需要重新雇佣该雇员，并且还需对其进行赔偿。

3. 劳动保护风险

很多中国企业还面临劳动保护风险。由于中国企业在非洲投资的多数是基础建设、矿业开采等安全事故风险相对比较高的项目，又普遍存在安全生产、劳动保障方面不足的问题，导致了生产安全事故经常发生。非洲各国把劳动者的劳动保护作为其劳动法的重要内容，很多国家将安全生产事故与行业准入资格挂钩，生产安全事故所带来的不利后果不仅仅是赔偿因为事故而受伤、死亡的员工，还会受到该国政府的处罚，甚至面临被禁止进入该行业的风险。因此中国企业应该提高对劳动保护方面的重视。

4. 外国劳动者准入风险

中国企业在非投资的过程中由于各种原因可能需要雇佣和派遣中国雇员到东道国工作。但是，非洲各国为了保障本国人民能够拥有更多的就业机会，一般都会制定外国劳动者准入制度。如果中国企业没有遵守这些规定，可能导致中国员工无法获得当地签证，甚至有可能导致企业以组织偷渡的罪名被起诉。

用工风险方面，每个非洲国家的劳动法及相关规定都不尽相同。如刚果

(金)的某些项目要求外籍员工的比例不超过2%,个别情况下经部长批准可以提高到50%。阿尔及利亚规定建筑领域的外国员工和本地劳工的比例至少要达到1∶5,即中国公司每聘用1个中国劳工就须聘用5个本地劳工。并且,到刚果(金)工作的外籍员工需要与当地的企业签署劳动合同,并由此企业向刚果(金)的劳动局申请劳动许可,然后再向移民局申请工作签证。[①] 但是,目前许多在刚果(金)经营的中资企业对其在刚果(金)工作超过6个月的中国籍员工,并没有履行此程序,因此面临众多风险及潜在的纠纷。

(二)东道国单方面违约风险

在实践中,如果外国投资者一味地以自身经济利益为目标或者将经济与政治等因素挂钩,那么就有可能发生东道国因为缺少双赢原则而毁约或违约的风险。在很多法制尚不健全的非洲国家,这类违约风险的发生频率还是比较高的。由于东道国的单方违约而致使原协议或原合同无法履行,就会给外国投资者造成重大的经济损失。[②]

在联合国普遍推荐的良治原则和非政府组织以及非洲民众强烈要求改变生活条件的情况下,许多非洲国家都希望外国投资者在利用东道国资源和市场的同时,也能为东道国带来经济发展和增加就业机会。如果所签署的协议中缺少双赢原则,那么政府出于本国利益考虑而发生违约或毁约风险的可能性就会比较大。此类风险尤其发生在一些基础设施建设合同中。比如,在电站投资项目中确定购电价格时,很多外国投资者认为电价谈得越高公司盈利越大,却忽视了其中潜在的风险。在实践中,如果所商定的电价比市场水平高出很多,也许短期内会为投资者带来较高的利润,但是从长期看,这往往会成为东道国政府违约或者毁约的导火索。因此,如果和东道国所签订的合

① 非洲的华裔领袖胡介国在一次访谈中曾指出:“中国企业进去以后,从工程师,一直到咖啡匠都是中国人,没有给非洲人带来就业机会,也没有给非洲人技术的传授带来什么好处。”这就不难理解为什么很多非洲国家制定和执行严格的外国劳动者准入制度了。

② 这种情况尤其发生在非洲那些政党轮流执政、缺乏政策连贯性的国家。实践中,新上台的政府经常对上届政府在执政期间与外国投资企业签署的合同或协议表示诸多不满、百般刁难,甚至单方面中止外国企业与上届政府签署生效并已实施的合同或协议。东道国的单方违约风险常常给外国投资者的投资项目造成难以弥补的重大损失。

同中缺少双赢原则，那么项目是很难获得长期成功的。[①]

因此，虽然中国企业在非洲投资的主要动力是经济因素，但绝不能局限于短期的经济收益，以双赢为目标和基本原则，才能与东道国建立良好、稳定的合作关系，在双方共同发展的前提下寻求长久的投资经济回报。

（三）其他风险

除了以上风险外，中国企业对于在非洲工作的员工的人身安全和健康问题以及由于文化、语言差异带来的风险也同样不可小视。

1. 人身安全风险

如前所述，有些非洲国家由于政府治安、枪支管制不力，入室盗窃、持枪抢劫、绑架事件随处可见。社会治安问题导致在当地工作人员的人身安全受到极大威胁，也是中国企业赴非投资不可忽视的风险之一。

2. 健康风险

很多非洲国家经济落后，气候炎热潮湿，生活条件艰苦和卫生条件低下等多种原因造成从中国派遣的工作人员一般会有更大的生病可能性，此外，由于当地医疗保障体系极其不完备，很多地方出现严重缺乏医疗人员和必需药品的情况，使得很多本来不严重的疾病最后也会变得严重，甚至引起死亡。另外，一些非洲国家流行病盛行，成为疟疾等传染病诞生或者猖獗的地方。

对于在非洲投资的中国企业来说，员工的身心健康是企业盈利的可靠保障。如果企业必须在健康风险系数比较高的国家投资的话，就要更加重视员工的人身安全和身体健康的保障措施。首先，如果员工感到自己的生命健康得不到有效保障，就会每天对自身的安全和健康担心，一定会影响员工的工作积极性和效率。其次，如果员工不慎染病甚至死亡，那么作为海外投资企业的责任是不可推脱的，必然也会因此引起一系列的赔款纠纷。再次，个别员工的染病甚至死亡，必然会造成企业人心惶惶，军心不稳，这种情况下企业又如何更好地发展生产呢？最后，就算员工认为在非洲染病或者死亡属于个别事件，整个生产运营活动不会受到影响，但是公司又如何在短时间内找到

① 参见赛格、门明：《中国企业对非洲投资的政治风险及应对》，载《西亚非洲》2010年第3期。

合适的人选呢？尤其是公司如何能短期内再次找到那些具有相关专长、掌握本地官方语言、具有相关领域工作经验，愿意去非洲工作又可以立即上岗投入工作的管理人才呢？因此，赴非投资的中国企业在评估投资风险的时候，员工的健康风险也不可忽视。

3. 语言和文化风险

由于中国与非洲国家文化差异比较大，很多非洲国家宗教信仰盛行，再加上语言沟通之间的障碍，中国工人群体普遍比较封闭，很难融入当地社区，与当地居民几乎毫无接触，对当地消费市场也没有什么影响。而中国企业一般更喜欢聘用中国雇员，提供给当地的新增就业岗位很少，因此很多非洲当地人对中国项目感到不满。如果中国企业没有提前做好功课，在不了解当地习俗、文化和语言的背景下就进行投资、生产①，很容易和当地居民发生矛盾冲突，造成不必要的投资风险。比如，之前提到的 2012 年 8 月 4 日在赞比亚南部的科蓝煤矿发生的暴动就是源于语言和文化不同带来的风险。事实上，该事件的起因是一辆叉车发生故障，3 名中国工人扛起了货物，而赞比亚矿工则在一边旁观，在中方管理人员眼里，赞比亚工人是在浪费时间，因而对其进行了训斥，但是，在当地工人看来，负重超载可能带来安全问题，没有扛起货物只是为了安全起见，中方管理人员的训斥毫无道理，因此双方发生了冲突。在暴动中，赞比亚矿工用手推车碾死了 1 名 50 多岁的中国管理人员，另外，中国经理在暴动中受伤，16 名赞比亚工人被捕。由此可见，文化和价值观的不同可能带来的风险是绝对不可忽视的。

第二节　非洲投资风险防控对策

因为国外资金、技术及专业人才的注入给非洲经济带来了前所未有的蓬勃发展，非洲国家积极支持国外企业在非投资。尤其是进入 21 世纪后，为保障外商投资安全、吸引更多的投资者，在非洲各国政府的努力下，非洲投资法

① 赴非投资的中国企业一般都会聘用翻译来解决语言问题，但是很多企业不愿意在这方面花大成本，造成翻译质量参差不齐，有时候对项目进度甚至企业发展都带来了不必要的风险。

律环境得到了巨大的改善。与此同时,随着中国企业国际化经营的不断发展和对外投资逐渐向宽度和深度发展,加强政治风险防控或治理策略已成为中国企业在非洲投资的一项亟待加强的工作。

一、非商业风险防范策略

跨国企业在海外投资时都会遇到不同程度的政治风险,尤其是很多非洲国家由于历史等原因,政局不稳定、社会治安状况恶劣,这些可能给中国投资者带来更多的政治风险。

(一)应对战乱、内战、治安等政治风险防控措施

随着中国企业国际化经营的不断发展,企业的风险防控意识也在逐渐增强。对于战乱、内战、治安此类政治风险的防控应该建立一套投资前、投资过程中、风险发生后三位一体的规避策略体系。具体指的是:中国企业在投资前应该启动的预防性措施,包括对投资标的国的政治风险评估和利用信用保险产品转移风险策略;在投资过程中采取的本土化策略,坚持以互利双赢为方向的发展策略,成为非洲的长期投资伙伴;在风险发生后的补救性措施,如向中国政府申请保护策略、沟通策略和诉讼策略。

1. 预防性措施

在实践中,预防战乱、内战、治安等政治风险的措施主要包括对东道国进行政治风险评估、购买保险产品转移部分风险策略、本土化措施和了解已经签订的双边及多边投资协定。

(1)政治风险评估

政治风险如利比亚动荡引发的风险,并不像之前发生的苏丹的绑架中国工人或者地震等风险那样完全不可预知。虽然中国企业对于海外投资政治风险评估能力相对较弱,但应在走出国门前就采取一些预案,尽量通过全面的政治风险评估报告来减低损失或者规避此类风险。首先,可通过互联网,实地考察①,听取学

---

① 实地考察法,是指中国企业在进行非洲投资决策时,派遣高级管理人员到投资目标国作实地调查,通过现场参观和与当地政府官员、企业家接触、了解该地区的投资环境和风险状况。

术界、银行家等专家的意见和风险分析[①],充分利用国务院的国别障碍报告系统、《国别投资指南》和中国出口信用保险公司的《国别风险分析报告》的风险防范功能和国际政治风险评估体系等一切可能的方法来收集目标国的国情,尤其是它的经济状况和国际收支状况,政局稳定性和反对党的活动信息,以及投资项目与目标国经济发展目标之间的关系等方面的信息,并对这些信息进行综合性的、随时跟踪的、不间断的梳理来全面加强风险评估工作。[②] 通过对掌握的数据、资料的分析和评估可以帮助中国企业预知投资目的国可能发生的政治风险的主要类型和表现形式。[③]

同时,企业也可以与中国政府驻非洲使(领)馆,中国驻外经商、经贸机构,境外中资商会,企业驻外机构等联系沟通,更详尽地了解东道国投资环境,运用各方面得到的可靠信息,提高对该国的政治风险的识别并进行详细的对投资目的国的政治风险评估,以便为投资决策提供充分依据。[④] 各经贸

---

① 比如听取专家意见就是向外交官、商人、企业家、记者及政治家等人士讨教。

② 虽然国务院的国别障碍报告系统、《国别投资指南》和中国出口信用保险公司的《国别风险分析报告》等风险防范功能已经启动,并能在中国企业应对非洲政治风险中起到一定的作用,但是由于这些机构、组织的局限性,他们编写的指南、报告等不能成为海外投资风险评估报告的唯一参照。事实上,这些工作很难仅仅依靠个人的力量或者某一机构、部门的力量单独完成的,需要我国政府的大力支持。随着中国企业海外投资的不断发展,中国政府应成立专门的政治风险评估机构,建立起一套系统、科学的风险评估理论和方法,对为进行海外投资的中国企业提供及时、准确和权威的风险评估和预测,并指导相关企业建立起合理的海外投资安全风险管理体系、有效规避各种风险。

③ 参见冯中豪:《国际观察:战乱之后 中国在利比亚利益能否保全?》,载中国新闻网,http://www.chinanews.com/gj/2012/03-18/3751915.shtml。中国社会科学院西亚非洲研究所研究员贺文萍指出:"任何国家生态都有可以挖掘的内幕,国家的动荡也并非像地震一般不可预知,企业在走出国门之前应该首先对目标国的国情、政治生态、经济状况以及反对党的活动等进行综合性梳理,而且梳理必须是随时跟踪,避免间断。"她还指出,在政府层面,应该更大发挥中国驻国外大使馆经济商务参赞处的作用。她表示,大使馆这边设有政策调研处,专门调研所在国政治走势,包括大选情形、反对党活动等,能够更好地协助中资企业走出去。"这样能更及时准确地向企业发布一些消息,例如即将进行大选,及时向企业通报哪些地区将有选举暴力、哪些是有影响力的势力等,让企业采取安全措施,更好地融入地区。而这些是单凭企业的力量难以实现的。"

④ 需要注意的是使馆和银行都不是专业性的风险评估机构,因此,对于他们信息采集过程的客观性和研究过程的科学性难以得到保证。所以使馆和银行提供的信息和资料只能作为中国企业对投资目标国的投资风险的参考数据,不能对中国企业在海外投资决策起决定作用。与此同时,在中国,有一些智库也开始提供海外投资的国别风险分析报告。但鉴于都在起步阶段,受到资金支持力度、研究人员国际经验和分析能力等很多因素的制约,因此,他们发布的国别风险分析报告的参考价值也有局限。参见王永中、王碧珺:《中国海外投资高政治风险的成因与对策》,载中国社会科学网,http://www.cssn.cn/jjx/jjx_gzf/201502/t20150227_1526229.shtml。

部门、各行业商会也应该积极发挥自身优势，在企业间起到桥梁的作用，积极促进企业间的沟通、协作和配合，形成产业链，达到信息互通、经验共享、优势互补等合作方式共同开拓海外投资市场、共同抵御投资风险及优化生存环境。

有意向投资非洲的中国企业必须重视投资目标国在国际上的政治风险投资评级。事实上，非洲国家的风险评级都是B级以下，D级的国家也有好几个，比如几内亚、尼日利亚等国家的级别都是非常低的。一般来说，B级以下的国家的投资风险都是很大的。总之，企业须在投资前就做出全面的政治风险评估，如果目标国的风险太高，就应该尽量少的介入，避免投资失败。

（2）购买保险产品转移部分风险策略

与普通商品出口所涉及的短期保险覆盖率相比①，中国企业对于中长期出口信用保险和海外投资保险的投保额的覆盖率是很低的。当然，造成这种情况的原因有很多，比如：投资目标国的风险比较大，投资费率过高；投资前对东道国没有做背景调查或调查做得不够、风险认识不足等。

2011年的利比亚事件给对赴非投资风险存有“侥幸心理”的中国企业敲响了警钟。为了避免投资风险，投保信用保险产品是非常有必要的。因此，根据政治风险评估结果，对于风险较高的项目，尤其是针对一些投资周期比较长的海外工程承包项目，中国企业除投保一般的商业保险外，还须购买针对投资所在国的汇兑限制、征收、战争及政治暴乱、政府违约、承租人违约等风险的信用保险产品来规避海外投资风险。投保是投资目的国发生政治风险后，将可能给投资项目带来的损失一部分转嫁给保险机构，从而减轻投资者损失的一种积极的预防性策略。比如，成立于2001年的中国出口信用保险公司，以及非常著名的以承保海外投资政治风险为主要业务的“多边投资担保机构”等都是投资者不错的选择。②

① 针对短期出口信用保险，保险责任包括商业风险，如买方破产或无力偿付债务、买方拖欠货款等风险，以及政治风险，最高赔偿90%。

② 2007年10月，多边投资担保机构（MIGA）宣布为撒哈拉以南非洲国家的投资项目提供更多担保，以帮助这些国家尽快实现非洲发展新伙伴计划的目标。最近两年，还向非洲采矿业、制造业、服务业、基础设施，以及食品业等领域的一些项目提供了支持，如帮助莫桑比克糖厂进行了改造和私有化，其保险业务有助于中国企业在非洲的直接投资项目。

(3)本土化策略

有些中国资源型企业由于自身局限性和惯性原因,过分追求经济收益,缺乏社会责任感,无视对当地环境和生态的破坏,外加在安全生产、劳动保障方面做得不足,引发了很多负面声音,破坏了中国企业的整体形象,激起了当地政府和人民的抵制情绪。比如在加纳,法律规定中小金矿的经营者必须是本国人。在实践中,有些中国投资者与当地中小矿主签订租赁协议,然后在开采过程中,为了节省成本,不采用国际上先进的淘金过程,而是采用一些对环境破坏很大的最原始方式,忽视当地污染的处理,结果导致了水土流失、环境污染等严重的环境问题。① 有的企业尽可能多地聘用中国人,自带项目所需的管理人员、技术人员甚至工程队,同时尽可能地减少对当地雇工的技术培训。在本地居民看来,中国企业开发了当地资源、赚得了客观的利益,而对于本地人来说,就业机会没有增加、生活条件没有得到改善,反而环境遭到了污染和破坏。这些忽视当地民众利益的做法加剧了中国企业和当地民众间的矛盾和冲突,甚至引发了暴力冲突。

在这种情况下,赴非投资的中国企业除了需要更多地了解当地的习俗、政策,诚实经营、依法纳税、严格遵守当地的各项法律和规定外,还应该通过实现企业本土化经营策略来缓解矛盾,努力转变中国企业的消极印象,营造友善、和谐的投资环境,努力实现与东道国互利共赢的最终目的。② 具体措施包括:企业应该较多雇佣当地人为当地提供更多的就业岗位、注重培养当地专业技术人才和管理人才,尽可能地让当地雇员也感受到企业文化和企业的归属感;尊重东道国的文化风俗及宗教信息,积极参加社区活动和承担起更多的社会责任,增加与当地居民、企业、政府以及媒体的联系,广交各界朋友,真正融入当地社会文化中;在生产中最大限度地减少环境污染并积极改善当地环境问题;还可以通过捐资助学、提升医疗援助、捐粮抗灾、积极帮东道国修建基础设施等方式更多地参加到当地的公益活动中,积极促进当地的经济

---

① 在加纳,曾有环保专家控告中国有色金属建设公司破坏国家公园生态。

② 本土化经营策略指的是“跨国企业在销售、管理、人事等经营方面全方位融入东道国经济中的过程,同时积极承担所在国的公民责任,并将企业文化融入和植根于当地文化”。

和社会的发展，努力达到企业和当地经济双赢的目标，体现中国企业有益于当地人民生活的良好企业形象，获得当地社会和民众的广泛认可与支持，化解与缓和民族主义和当地的排外情绪。①

事实上，只有中国企业真正地实现本土化，融入当地社会文化中，树立良好的企业形象，才能和东道国建立一种长久的合作关系和友谊。有些企业一味地和东道国的某个领导人搞好关系，试图以贿赂当地政府的某个或者某些领导来换取一些有益于公司的个人承诺，这并不是一种前瞻性的投资策略，甚至是非常危险的。因为非洲大多数国家都是采取选举方式，每几年就有可能有一届新的政府和领导人执政。而且反腐倡廉运动也成为很多非洲国家的重点工作，对于那些周期长、投资大的中国企业来说，可能在短期内会取得很大的效果和收益，但是从长远利益来看，无异于是在“玩火”，很可能导致最后损失惨重、血本无归的结果。而且，这种通过个人关系、贿赂而形成的“友好”关系不利于中国在非洲市场上的定位和长久发展。中国企业只有坚持本土化经营、以互利双赢为方向的发展策略，将可持续发展和生态平衡发展理念秉持于心，才能在非洲市场站稳阵脚、继续扩大市场份额和增强企业的行业竞争力，成为非洲的长期投资伙伴。

(4)了解双边及多边投资协定

当中国企业进入一些有高度政治与监管风险或欠发达的司法制度的非洲国家进行投资的时候，双边投资条约(Bilateral investment treaty，BIT)已经成为减轻政府干预风险的基本手段。

双边投资协定，即资本输出国与资本输入国之间签订的，以促进、鼓励、保护或保证国际私人投资为目的，并约定双方权利与义务关系的书面协议。这是目前各国之间保护私人外国投资普遍行之有效的重要手段，被视为有关国家投资环境的重要标志之一，在国际上对缔约国具有强有力的法律约束力，通过东道国同意对外国私人投资者的投资提供特定担保与保护标准而得到实现。

---

① 参见梁静波：《中国企业海外投资的政治风险与对策》，载《求实》2013年第4期。

截至2016年12月12日,中国已经与加纳、摩洛哥、津巴布韦、加蓬、尼日利亚、苏丹、埃塞俄比亚、赤道几内亚、马里等18个非洲国家签订了双边投资协议。虽然这些协议的具体内容有所不同,但是东道国对外国投资者给予的实质性的投资保护与担保,用以防范政治风险的内容主要包括以下几个方面:

①它是可以保障缔约国免于国有化的保护措施,包括不得无偿征收投资,除非符合国家安全或者公共利益,并且符合法律及正当程序,而且要提供及时、充分且有效的公平补偿,还必须是非歧视性的。

②它也是对于战乱、内乱及武装冲突给外国投资者带来风险的保护措施。根据国际惯例,双边投资协议一般不包括这项保护措施,但是由于非洲许多国家的政治不稳定带来的战争和内乱风险较为突出,中国与非洲国家签订的双边协议中一般都规定了这项保护措施,以保障中国投资者在东道国遭遇战争、内战等此类风险时,中国企业可以享有东道国对投资者采取恢复、补偿或其他补偿措施的权利,而且可以在最惠国待遇原则与国民待遇两者中选择较优者适用。

③在待遇标准方面,在中国与非洲国家签订的双边投资协议中一般都规定了投资者享有公平且公正的待遇(开放类别:包括支持合法预期、法治及善意等),其含义包括免受不正当或歧视性措施(东道国不得采用基于类别、行业、国籍等歧视投资的措施),且该待遇不应低于国民待遇(不得以劣于国内投资者的方式对待外国投资者投资)以及最惠国待遇,即一国投资者获得的最惠国待遇将提供给其他国家的投资者。但是,需要注意的是双边投资保护协议的范本中一般都会对这些待遇的适用范围加以限定。比如在投资的设立、并购和扩大阶段并不适用国民待遇,国民待遇仅适用于投资准入后,而且也排除了最惠国待遇条款对争端解决程序的适用。除此之外,还强调虽然缔约国有义务对投资者的安全进行全面的保护,但是这项待遇原则并不等于要为投资者提供超国民待遇,违反该条约的其他条款及违反

其他条约也不等于违反公平与公正待遇。[1]

④对于货币的自由转移的保护措施,即在投资者遵守东道国的外汇管制方面的法律法规的基础上,缔约国应当保障另一缔约国投资者能够转移其在该国领域内的投资与收益。具体指的是,外国投资者可将投资与收益(包括利润、利息以及其他合法收入;投资的全部或部分清算所得款项等)兑换为其选择的货币,并从东道国汇回本国。[2]

⑤外国投资者也可以通过约定代位求偿权来降低政治风险可能带来的损失。代位权是指投资者母国对其投资者在东道国因政治风险遭受的损失予以赔偿后,母国政府将取得投资者在东道国的有关权益和追偿权。协定通常规定,投资者母国政府或者其官方的投资保险机构在一定条件下代位取得投资者的一切权利和义务。除此之外,协议一般还规定缔约国一方政府或其官方的投资保险机构取得的权利和承担的义务,不能超过原投资者所应享有的权益,但是可以依照国际法向东道国提出该限度以外的其他要求。但是同时,代位权的行使必须受到东道国法律的制约。[3]

双方投资协议的意义在于它可以为东道国创设良好的投资环境,双方缔约国的私人海外投资者可以在条约预先规定的法律规范的结构和框架下建立投资关系、进行投资活动,以达到促进国际私人投资活动的发展、避免或减少法律障碍、保证双方投资关系稳定性的目的。而且,双边投资协议还赋予了投资国国内保险合同的法律效力,从而使对方承担具有国际法上约束力的履约赔偿义务。除此之外,条约还包含关于双方政府因索赔问题发生纠纷时的程序性规定,这对条约中涉及的风险、事故发生后,缔约双方通过友好、高效的方式解决争议起到了保障作用。

由此可见,投资者母国是否与东道国签有双边投资协议,以及由于新旧双边投资协议和不同地区对投资者的保护范围与全面性方面的差别,投资目

---

① 参见韩秀丽:《中非双边投资条约:现状与前景》,载《厦门大学学报(哲学社会科学版)》2015年第3期。

② 参见韩良主编:《非洲商事——法律制度精析》,中国法制出版社2015年版,第25~26页。

③ 参见韩良主编:《非洲商事——法律制度精析》,中国法制出版社2015年版,第27页。

的国与母国签订的协议版本是否可以最大化保障其合法权益，最大限度地规避东道国的政治风险将显得至关重要，赴非投资的中国企业应该在投资前做好相应调研，选择最适合的国家进行投资，以最大限度地获得协议项下的实质性和程序性保护与救济。

2. 补救性措施

由于历史原因，非洲很多国家的政治和社会治安状况都很不稳定，大多数国家都被认为是投资的高政治风险的国家，再加上很多政治风险具有突发性和不可预知性的特征，所以即使企业较好地采取了投资前和投资中的风险预防措施，也很难完全避免所有的非经济风险。因此，一旦风险发生后，企业应该立即根据自身的具体情况做出适合自己的补救措施和策略，减少或规避政治风险可能带来的损失。

（1）向中国政府申请保护策略

正如我们前面介绍的，中国政府大力鼓励和支持中国企业赴非洲投资，并向中国企业直接投资非洲提供了多种优惠政策和便利条件。同样地，如果在投资非洲过程中，中国企业在东道国遭遇到了政治风险，也可以向中国政府申请保护，借助政府的力量来减少政治风险的恶性影响。例如，2007 年 5 名中国工人在尼日利亚遭绑架后，经过中国政府与当地政府的直接沟通和协作，5 名中国工人安全获救。

（2）友好协商策略

在非洲投资的中国企业在东道国遭受政治风险后，最佳的办法是借助当地政府的支持和力量来化解政治风险、降低损失。中国企业应首先尽量避免与民众直接发生冲突，避免冲突升级，积极主动地寻求与东道国政府进行沟通和协商，争取得到当地政府的理解和支持。

但如果政治风险是因为东道国公布了征用或国有化政策，那么中国企业更应该以友好的姿态，积极与东道国政府进行谈判，向当地政府展示企业的本土化战略成果、表明企业投资过程中承担的社会责任、为发展当地经济和增加就业机会所做的努力；有必要的话，企业也可以承诺将为本地经济发展做出更大的贡献并可适当做出一些经济利益上的让步。[1]

(3)诉讼策略

如果友好协商达不到预期效果,东道国政府决定正式启动征用或国有化政策,那么中国企业可以向东道国法院、非洲法律区域性组织(如非洲商法协调组织的司法与仲裁共同法院)或国际法庭提起诉讼,以期获得合理的赔偿。[2]

(4)退出策略

在非洲投资的中国企业往往忽视由于并购、股权转让或上市、清算,或由于企业的利润率将低于东道国的政治风险补偿等原因而需要撤回资金、退出东道国市场时所将面临的风险,因而在实践中蒙受了巨大的损失。

为了尽量避免因为撤回在东道国的投资而带来不必要的损失,中国企业应该做好提前筹划。首先,在制定公司章程或者修改的时候尽量加入对自己有利的条款,便于股权安全退出。其次,在上市退出的过程中,中国企业一定要找比较成熟的交易所,没有必要局限于在东道国当地上市,可以在全球范围内进行对比,选出在投资领域规模大、正规、制度完备的交易所进行上市。[3]最后,对于清算条款,要加入一些优先权的条款,以此来保证投资者的权益。

(二)应对腐败风险的对策

腐败是非洲很多国家政府机构的“毒瘤”,虽然各国纷纷把反腐倡廉作为工作的重点,但是很遗憾的是,腐败问题仍是很多中国企业在非洲投资不得不面对的政治风险之一。那么,如何更好地规避政治风险、避免或减少因此带来的损失呢?首先,在赴非投资前,中国企业应该做好准备工作,如全面搜集投资目标国的法治环境、法律体系、腐败现状、反腐败法律与机构等有用信

---

① 参见赛格、门明:《中国企业对非洲投资的政治风险及应对》,载《西亚非洲》2010年第3期。

② 参见赛格、门明:《中国企业对非洲投资的政治风险及应对》,载《西亚非洲》2010年第3期。

③ 比如,如果中国企业投资的领域是矿业类,那么就可以选择比如多伦多和澳大利亚的矿业交易所等此类世界著名矿业交易所上市,在非洲的话,也可以选择南非矿业交易所。在这些交易所退出比在比较小的、制度不完备的交易所退出更有保障。

息①,熟练掌握该国已经制定的与打击腐败相关的法律、法规、制度,对于重要的内容可以将其纳入公司章程与员工行为守则。在准备充分的情况下,如果遇到当地腐败官员的不正当要求或者刁难,中国企业可以运用当地的法律知识和恰当的方法,沉着冷静地应对、维护自己的合法权益。

具体地来说,中国企业赴非投资腐败主要高发于投资决策、招投标、投资交割与投资运营四大环节。因此,中国企业应该根据各个环节的流程制定相对应的腐败风险应对策略,严格把控各个腐败高发的环节。例如,在招投标环节,中国企业应仔细研究并严格遵守东道国的国家与招投标相关的法律法规,加强企业招投标环节的全程监控;在运营环节,中国企业应积极建立企业自身的信用制度与体系,并对运营过程中出现的重大支出进行充分讨论和论证,确保其符合内部管理规定。

另外,在非洲进行投资贸易过程中,中国企业还应特别重视反腐合规的重要性,对企业内部的合法合规体系建设予以高度的重视。有的企业一味追求工作效率和经济效益,对公司日常运行的合规性没有给予相应的重视(尤其是用工、安全生产等方面),存有侥幸心理。当这些企业被东道国的相关政府部门抓到把柄时,通常为了快速解决“麻烦”而选择被动行贿。这种做法既使公司利益受到了不必要的损失,助长了当地官员的腐败作风,还会给当地中国企业的整体形象带来负面影响。有的企业还遇到当地政府反腐败方面的“钓鱼执法”,后悔莫及。②

为了杜绝此类问题,中国企业需要对公司内部管理运行体系中的小问题和漏洞进行及时地纠正和补救,不但要制定完善的管理制度和体系,还应严格地推行“管理者知法、决策者问法、经营者用法、办事者讲法”的从业要求,

① 比如,要针对投资目标国对腐败的法律定义,行贿、受贿等犯罪的定罪标准与构成要件这些法律概念进行深入了解和研究。

② “钓鱼执法”指的是一些非洲国家在打击企业行贿、当地官员受贿问题时候惯用的一种手法。例如,在实现中,中国某企业曾多次遭遇当地官员的索贿,在中方负责人一直没有答应的情况下,该官员以企业偷税的名义把该公司的一名负责人抓走关押。事件发生后,该负责人的家属到当地官员的办公室送钱,试图“摆平”此事。没想到,该办公室装了监控,最后把送钱的人以“行贿罪”逮捕了,该企业也被重重罚了一笔钱。

确保投资的有序开展。同时中国企业还可以通过反腐败承诺书、腐败追责等形式加强企业内部反腐文化的建设。实践中,在涉及对外贸易的海关等部门,腐败现象尤其严重。比如在报关报检过程中,非洲很多国家的许多关税非常特殊,散货装和集装箱装的进口关税差别很大,报税报关程序烦琐,工作人员故意刁难,并暗示"一些额外的费用就可以快速解决问题",有的甚至直接索要贿赂。有的企业也只好被动行贿解决"麻烦",而有些企业因为仓储费和贿赂费用巨大、超出货物本身价值,直接选择弃货。

行贿的行为只能助长当地官员和政府收贿、索贿的不良风气,而且一味地行贿甚至弃货绝不是妥善解决报关报税问题的长久之策。正确的做法是在进出口货物时,必须细致了解当地报关报检程序和相关法律规定,了解当地政府部门的办事风格特点。遇到问题时,应该据理力争并且立刻通过平时经常和当地政府打过交道的相关机构、大公司或个人,最好是律师帮助周旋、协调,尽量找到合法合理的解决方式。

除此之外,如果发生问题,中国公司还可以求助中国驻非经商处、工会、中国企业协会、媒体等组织机构,通过合法、合理的途径维护自身权益。赴非投资的中国企业还应重视"抱团",共同应对腐败风险的重要意义,通过积极履行社会责任等方式在非洲国家树立良好的形象,从而规避因为政府、民众对中国企业因固化观念、经济等因素形成的腐败风险。

二、经济风险防范措施

中国的"一带一路"倡议对接非洲国家工业化战略,给非洲国家带来了前所未有的发展机遇。除了前述的非商业风险之外,还有诸多的经济风险是中国企业需要时刻警惕与关注的。

(一)税务风险防范

非洲作为"一带一路"倡议下的重要投资地区,中非双方政府为赴非投资的中国企业提供了很多便利条件,而东道国的税收优惠政策对投资收益的影响是非常大的,同时非洲各国之间有关税收的政策差异性也很大。就经济风险而言,中国企业走进非洲,首先要面对的就是复杂的税务风险。企业需要树立“税收先行”的理念，重视并了解主要税务风险，积极做好应对。因此，有意向在非洲投资的中国企业应充分了解投资目标国的税收法律，积极做好税务筹划，以规避因投资目标国的税收法律而引起的潜在风险。

1. 详尽的税务尽职调查

不能全面准确地了解投资目标国的税收制度和法律，已成为制约在海外投资的中国企业的一个“痛点”。为了规避税收风险，中国赴非投资企业必须收集并研究东道国的税收制度，比如读懂中国国家税务总局网站根据企业对外投资的需要整理并发布的投资目的地的《国别（地区）投资税收指南》①，充分考虑当地税收因素，并结合自身实际情况，制定税收预案，树立“税收先行”的理念，防范涉税风险。

在正式投资之前，中国企业需要对投资目标进行全面、详尽的税务尽职调查，对可能出现的一些税务风险进行防范。通过税务尽职调查可以使企业对投资目的国的税制及实际监管情况，投资目标当前主要税种的税务合规性状况、潜在的税务风险等情况有一个更清晰和全面的了解，并可以在谈判中对相关的税务风险责任进行准确划分，以避免中国企业投资或并购目标前期的税务问题隐患。

2. 规避重复征税的风险

双边税收协定签订的目的是协调缔约国间的税收法律，合理划分税收管辖权和避免重复征税。如果两国没有签订双边税收协定，企业就面临被全球不同国家的税务机关重复征税的风险，而税负也是非常重的，所以企业在海外投资前还需要进行一些国籍筹划，尽可能避免中国和东道国的双重居民身份认证而带来的重复征税。②

---

① 为帮助海外投资的中国企业规避由于东道国的税收制度、法律所带来的风险，中国国家税务总局建立了国别税收信息研究工作机制，截至2019年5月，国家税务总局网站根据对外投资需要整理并发布了91份国别（地区）投资税收指南，其中涵盖国家（地区）的基本情况、现行税收制度、投资涉税风险、税收协定、税收争议解决方法等主要信息，为海外投资的中国企业提供了简便可行的操作指南，更多信息，参见 http://www.chinatax.gov.cn/n810219/n810744/n1671176/n1671206/index.html。

② 参见韩良主编：《非洲商事　法律制度精析》，中国法制出版社2015年版，第201～202页。例如，如果在非洲注册的中资控股公司，若根据生产经营、人员、账务、财产等要素判定实际管理机构在中国，那么根据中国的税法规定，就可能会被认定为中国居民企业，就全球收入缴纳中国企业所得税。

另外,应避免双边税收协定条款和东道国当地税收优惠的冲突风险。当地属于减免税,就无须再重复交付这个税,就可以有效解决跨国公司的双重征税问题,降低企业的税收成本。因此,中国企业还应该注意东道国是否已经和中国签订了国际重复征税的税收协定,充分理解税收协议和中国税收抵免政策,规避不必要的税收风险。

除此之外,企业还应积极到中国主管税务机关取得中国税收居民身份证明,以便可以及时享受税收协定规定的待遇,并可以在海外投资受到不公正待遇或反避税调查中立于主动,避免不合理的税收负担。

3. 合理开展税收筹划

赴非投资的中国企业应将涉税风险管理作为投资决策的重要内容,提前做好税收方面的规划,切实做好税务风险防控。税务筹划必须确保在法律允许范围之内,如果超出了当地法律的允许进行的税收筹划,可能构成逃税。避税和逃税是两个完全不同的概念,避税是合法的,但是逃税是不合法的。如果对税收处理的合理性判断不足,可能会给海外投资公司带来非常严重的后果。因此公司应该聘请非常专业的税务师提前做好税务筹划,科学设计投资架构,既要考虑企业经营管理的需要,又要为今后的利润分配、股权转让等经营活动留下税收处理的空间。[①] 另外,企业还需要注意全面理解中国和东道国的相关税法及其差异,避免筹划不当可能给赴非投资的企业带来风险和损失。

4. 有效解决税务争议

随着“一带一路”倡议的推进,赴非投资的企业面临的税收歧视和税务争议风险也相应地有所增加。因此,海外投资企业应提前做好税务筹划,并借助东道国的涉税法律和中介机构,在业务、人员和信息方面利用天然优势以避免受到税收歧视和不公正待遇;除此之外,还应该学会主动申请预约定价

---

① 例如,子公司和分公司不同的法律架构,在税务处理上有很大区别。子公司作为独立的纳税实体,可在投资国享受税收优惠,但在股息分配时会缴纳预提税;分公司由于在投资国不属独立法人,与其居民国的总公司为同一法律实体,可以汇总核算盈亏,但按照中国法律,不允许企业用境外分支机构的亏损抵减境内总公司的盈利。

安排,通过中国与东道国税务机关达成双边(或者多边)预约定价安排协议,尽可能规避转让定价调查风险,减少税务争议。

如果赴非投资企业在投资经营过程中,因为东道国税务机关的措施导致不符合税收协定规定的征税,从而产生税务争议的,这些企业可以申请启动相互协商程序,并积极利用各种资源和法律机制,最大限度保护自身合法权益。

(二)外汇风险防控

汇率风险是经营风险中的一个重要风险,近年在非中国企业屡遭相应风险,造成一定的损失。如前所述,汇率风险指因外汇市场变动引起汇率变动,致使以外币计价的资产上涨或者下降所带来的风险。很长一段时间以来,中国企业和非洲国家签订协议的时候多数选择与美元挂钩,这就使中国公司投资收益受到美元贬值的严重影响。

近年来,人民币汇率已经处在一个合理的区间,基本保持在一个稳定的水平上。因此,为了规避美元贬值可能带来的风险,可以借助人民币国际化的环境,尽可能利用人民币与当地货币的兑换,避免企业由于外汇汇率的变动而带来损失的风险。事实上,把部分贮备货币转换为人民币已经是人民币被纳入特别提款权货币篮子后非洲国家的新趋势。一些非洲国家,如津巴布韦和安哥拉,已经承认人民币为法定货币。另外,一些国家选择同中国签署货币互换协议。如果中国企业在这些国家投资的话,外汇汇率风险带来的损失的可能性也会随之越来越小。

另外,从国家层面,还可以考虑实行"国际银行"制度,在非洲国家建立中国自己的银行,为中国企业提供投资和融资服务,并可直接进行人民币兑换业务,既实现了与非洲国家的经济合作,又增加了企业的投资安全。

除此之外,中国企业也可以考虑使用套期保值等财务手段避免汇率损失。很多在非洲开展大项目的中国企业为投资项目设置了专门的外汇专家成员对外汇操作进行设计,一些重大的项目也开始委托专门机构进行外汇操作,以保证投资的保值和增值。这些也是不错的汇率风险的对策方法。[1]

（三）外汇管制风险防控

首先，中国企业可以通过对东道国的外汇管理制度进行识别，并重视对当地外汇政策的调查和研究，以保证严格遵守来规避风险。其次，中国企业还需要随时关注东道国外汇政策，尤其是外汇的配额和额度的最新变化，有的时候因为信息没有得到及时的跟进和更新，超过了额度的，负责人还可能面临坐牢的风险。再次，中国企业还要积极预测汇率走势和东道国汇率变化的趋势，采取针对性的多种金融手段来防范风险，比如外汇规避手段或期货期权等。最后，中国企业还应该尽量推动沿线国家来制定统一的外汇管理制度来规避此类风险。

（四）保函风险防控

对于海外投资企业来说，应该谨慎处理国际工程和贸易中开具的“见索即付保函”。正如前述的2011年利比亚战争风险给中国企业带来了巨额损失，此后又发生了利比亚银行的“见索即付保函”巨额索赔风波，对投资利比亚的中国企业来说是雪上加霜，因此“见索即付保函”在实践中的风险不可忽视。

“见索即付保函”特有的“先付款、后争议”的机制决定了它在保障债权、简化交易的同时，会给债务人和担保人带来一定的风险。为了规避潜在的风险、减少不必要的损失，企业必须在保函签发前做好万全的预防工作。比如先核实东道国有关信用证、保函、不可抗力的法律规定或其他相关规定。在实践中，特别是在建设工程项目中，虽然当地政府主管部门往往要求使用合同示范文本，而且保函格式一般作为示范文本的附件列出，但中国承包方或银行仍应注意从形式和内容上对格式保函进行修改完善。比如，尽量选择企业熟悉的法律作为合同准据法，了解东道国的不可抗力的相关规定，努力把不可抗力条款明确地加入保函中。

---

① 另外，需要注意的是很多非洲国家都存在黑市，专门进行外汇兑换。在没有黑市的国家，比如肯尼亚，就必须到各个银行兑换货币，使用统一额度外汇牌价。因此，中国企业在非洲投资需要处理资金兑换问题的时候应事先了解好该国的外币兑换等相关政策和风险。

事实上,在国际商事领域已有较为成熟的独立保函适用规则[①],考虑到商事交易的复杂性,中国承包方应优先考虑适用这些比较成熟的交易示范规则。如果与保函内容存在不一致的,那么相关条款的优先级及解释顺序问题,也建议在保函中予以明确说明。

另外,由于部分非洲国家债务风险都将维持在较高水平,而中国目前对外投资风险防控能力仍旧薄弱,还没有官方机构专门发布与之相关的监测报告,因此中国企业应随时关注投资目的国债务水平变化情况并提前预警。

三、法律风险防控与对策

合规经营是降低投资风险的重要前提,中国企业对非洲投资要遵循东道国的法律法规要求,充分掌握国际标准与准则,在自身经营活动中提高合规意识,减少风险暴露。在遭遇风险时,中国企业也要充分用好法律工具,保护自身权益。中国企业在投资前可聘用专业服务机构,对可能的投资标的和地区做足尽职调查,帮助企业建立健全法律风险防范机制并提出法律意见,从而避免因不了解具体情况而产生的潜在风险。具体而言,法律风险防控一般围绕如下几个方面展开。

(一)全面掌握本地相关法律规定

2000 年后,非洲国家纷纷制定和修改相关投资立法。上述投资立法大都规定了各类不同的投资激励措施,或设立了一站式投资法律服务中心,以创建更为宽松的投资法律环境。为了使当地的自然资源更好地造福当地人民,非洲国家近年来还纷纷修改矿产、油气方面的投资法律规定,扩大这些领域的本土成分。面对非洲投资法律环境的变迁,中国投资者要全面了解东道国的相关法律、政策,熟悉东道国与中国签订的双边协议及多边协议,并严格遵守相关规定,以免因不符合投资东道国的相关优惠政策或者违反当地法律法规而失去投资资格,遭受不必要的损失。

(二)构建和谐的劳资关系和应急方案

对于中国企业在非洲劳动法中面临的法律风险,中国企业首先要对投资

---

① 比较通用的如国际商会《见索即付保函统一规则》《联合国独立保证与备用信用证公约》等。

项目所在国家的劳动法律规范、劳工保护、劳动保障法律法规等各方面强制性规定、指导性规定进行全面的研究并予以严格遵守，而且还需要关注该国和该地区政府出台的有关劳动关系的规范性文件。不但要重视非洲国家劳动法中与中国劳动法相同或类似的一般规定，如最低工资保护、同工同酬、对女职工和童工的保护等，同时还需要关注当地劳动法中的一些特殊规定，即中国劳动法未规定而非洲东道国劳动法中特有的规定，比如要有节日朝拜的假期，对穆斯林传统女性的保护等方面也要给以足够的重视，并严格参照执行。

走进非洲的中国企业，必须高度重视在公司内部构建和谐的劳资关系，在提高企业效益的同时还应依照本地法律维护所有员工的合法权益，并在实践中逐步提高正确处理各种矛盾的实际能力，积极稳妥地处理与企业工会的关系，重视劳动纠纷的解决程序和过程。[①] 此外，中国企业在非洲进行投资时应当提前制定完备的罢工应急方案，以减少罢工导致的经济效益损失。

（三）利用“不可抗力条款”进行抗辩

“不可抗力条款”是一种免责条款，主要指“合同中约定如果当事人一方因不可抗力不能履行合同的全部或部分义务时，应该免除其全部或部分责任的条款。而另一方当事人则不得对此要求损害赔偿”。

尽管世界各国都认可不可抗力合同免责事由，但是因为不可抗力事件的不可预见性和偶然性决定了人们是无法列举出不可抗力条款适用的全部偶然事件的，因此也没有一个国家能够确切地、全面地在法律中规定不可抗力的范围。另外，由于在习惯、法律体系、法律意识等方面的差异，世界各国对一项事件是否能够构成不可抗力，并可以成为不履行债务的有效抗辩的理解是不同的。

总体上，对于一些由自然原因引起的自然现象，如火灾、旱灾、地震、风灾、大雪、山崩，以及战争、严重的动乱等情况都被世界各国无争议的归入不可抗力事件；然而对于除上述事件外的，由于人为原因引起的如政府干预、不

---

① 发生争议后，中国企业要根据法律规定，重视劳动纠纷解决方式的选择才能保证劳动争议可以快速、及时和妥善的得以解决。比如，南非在劳动法中规定，劳动争议双方在向法院起诉时需要提交由仲裁调解委员会开具的争议尚未解决的证明，否则法院有权拒绝立案受理。在这种情况下，如果中国企业不了解程序，直接向法院提起诉讼的话，很可能会被法院拒绝受理。

颁发许可证、罢工、市场行情的剧烈波动，以及政府禁令、禁运和政府其他行为等情况是否可以被列为不可抗力事件仍存在争议。

因此，为了规避以上情况可能给中国企业带来损失的风险，中国投资者在签订合同时应加入不可抗力作为免责条款，并约定不可抗力的具体适用范围。除此之外，根据国际私法一般原则及国际投资条约实践，在东道国的投资项目合同一般适用东道国的法律。因此，我们建议中国企业在赴非投资前应对目标国法律中有关不可抗力的规定进行相关调研并掌握相应信息。

回到之前提到的2011年的利比亚事件中，中国企业是否可以援引"不可抗力"作为拒绝赔偿的抗辩依据呢？我们需要了解利比亚关于"不可抗力"的法律规定。《利比亚民法典》中对"不可抗力"只作了十分抽象的一般规定。[①]尤其需要注意的是，利比亚法律中有关不可抗力的规定是可议的，换句话说，是可协商约定的，具体指的是合同双方在签订合同时可以通过合同条款来详细约定不可抗力的范围、条件、效力等，并且，负责履行义务的一方可以接受不可抗力的风险。[②] 总而言之，虽然2011年利比亚的突发性事件符合国家司法及东道国法律中有关不可抗力的要件，但是中方企业是否可以将不可抗力作为抗辩理由，主要还需依据中国企业签订的利比亚投资合同中的具体约定。而且，如果中国企业在合同中放弃了以不可抗力提出抗辩的权利，就不能以不可抗力为由要求免责。

---

① 根据《利比亚民法典》第360条的规定，当债务人不能实际履行债务或延迟履行债务时，应向债权人支付损害赔偿，除非能证明履行不能或延迟履行是因为不可抗力的原因造成的。但是，根据利比亚法院和仲裁机构在一些案例中有关不可抗力进行的解释，必须同时满足以下三个条件才能构成不可抗力成立要件，进而免除合同一方的赔偿责任：当事人对该事件的发生不可控制，在合同缔约时不能预见，而且该事件使合同履行成为不可能。根据利比亚法律，如果不可抗力事件只是使当事人暂时不能履行合同义务，在事件发生之后，当事人就可继续履行合同，但合同履行期限要根据不可抗力事件的期限相应顺延。如果当事人认为合同的中止已造成严重的、无法弥补的损失，它就可要求撤销整个合同；如果不可抗力事件使合同履行永远不再可能，合同就可自始撤销；如果不可抗力事件只是使当事人的部分履行成为不可能，这需要看合同是否可分割。如果合同不可分割，那么要看不可抗力事件的影响是暂时的还是永远的，然后再决定是中止还是撤销合同。如果合同是可分割的，只有不可抗力事件影响的那部分合同才可根据情况予以中止或撤销。

② 例如，《利比亚民法典》第178条规定："当事人可以约定，负责履行义务的一方当事人将承担意外事件或不可抗力的风险。"

因此,为了避免当事人不可预知并且不可控制的偶然性事件给赴非投资的中国企业带来不必要的投资风险,在签订协议时,中国企业一定要对东道国法律中有关不可抗力的规定有所了解,并在符合东道国法律规定的前提下,在合同中对有关不可抗力的适用范围、条件及效力等都尽可能地做出有利于保障投资方权益的约定,以免在不可抗力事件发生后,合同双方产生不必要的争议而导致投资方在抗辩中处于不利地位或遇到困难。

(四)选择仲裁为争议解决方式

在提起投资争议解决程序时,中国投资者应尽量选择仲裁方式。在投资争议无法通过国内诉讼或仲裁的方式解决时,可以考虑利用非洲的区域性争端解决机构来解决此类争议[①],包括本书在后面篇幅中会详细介绍的非洲商法协调组织下的司法与仲裁共同法院。

中国投资者在与非洲国家政府签订投资合同时,尽量在合同中纳入稳定条款[②]或冻结条款,建议考虑在合同的争端解决条款中选择现有的国际投资争端解决机制,特别是 ICSID 机制解决相关争议。[③]

事实上,在非洲许多国家的国内法体系中,对于外国投资者在本国投资所签署的投资合同,没有强行要求必须适用东道国法律,是允许选择外国法作为投资合同的准据法的。而现今中国企业谈判地位日益上升,取得了越来越多的主动权,在这个大背景下,不妨考虑选择中企熟悉的国家和地区的法律,当然最佳即选择中国法作为准据法。比如莫桑比克从 2004 年以来,政局

---

① 需要注意的是,一些非洲国家近年来还同步修改法律,禁止外国投资者将投资争议提交国际仲裁机构解决,但同时对自身国内仲裁环境进行完善。

② 稳定条款,是指一国通过合同,向外国私人投资方做出承诺,保证外国合同当事人的合法权益,不致因该国法律或政府的改变而受到不利影响。

③ 根据中国社会科学院西亚非洲研究所和社会科学文献出版社共同举办的《非洲黄皮书:非洲发展报告(2017-2018)》发布会中对赴非投资的中国企业的风险防范提示。具体内容可参见刘欢:《非洲黄皮书:非洲投资法律环境进一步提高》,载中国新闻网,http://www.chinanews.com/gn/2018/08-14/8599786.shtml。自 1971 年受理第一个案件开始,截至 2017 年 6 月 30 日,ICSID(解决投资争端国际中心,International Center for Settlement of Investment Disputes)受理了根据《ICSID 公约》和根据《ICSID 附件便利规则》提起的投资仲裁案件共 609 个,处理了世界范围内绝大多数的投资仲裁案件。参见《ICSID 仲裁程序概述》,载中国国际贸易促进委员会官网,http://www.ccpit.org/contents/channel_3466/2018/0119/952881/content_952881.htm。

一直保持稳定,并且凭借优越的地理位置和丰富的能源、矿产等自然资源,吸引了很多中国企业的投资。① 到目前为止,中国企业在莫桑比克投资的领域已经涵盖农渔、能源、基建、汽车、通信和医疗等。而莫桑比克的官方语言是葡萄牙语,法律体系也与葡萄牙法接近,莫桑比克的法律也规定可以选择外国法作为投资合同的准据法,而中国澳门特别行政区的法律与官方语言在此方面具有特有的优势,在纠纷发生需要国际调解员或仲裁员时,相同的语言和法律背景将很有利于矛盾或纠纷的解决。因此,虽然相比较国际知名的仲裁或调解中心而言,澳门世界贸易中心仲裁中心并没有那么引人注目,但基于语言和法律体系的便利,其成为在非洲葡语国家投资的中国企业的最佳争议解决机构。同时,这也与将澳门特别行政区打造成为"中国与葡语国家商贸合作服务平台"的定位相一致。笔者近期在代表中国投资者参与当地某一太阳能能源合作项目中,就成功推荐各方接受中国法作为投资合同的准据法,并选择澳门世界贸易中心仲裁中心作为争议解决管辖机构。

四、人身健康风险防控措施

赴非洲或在非洲的中资企业,应密切关注当地卫生部门发布的疫情通报,及时充分了解当地传染病的分布区域、传播方式及危害程度,评估并确定是否存在疫情风险,同时采取积极有效的预防措施,比如,在中国员工赴非之前接种黄热病和霍乱等各类疫苗,并提醒员工尽可能避免或减少前往疫情高发区;对来自高发区的人员要做好预防性体检或隔离工作,从而尽量避免和减少传染病带来的危害。在目前新冠病毒肆虐的全球大背景下,这一点尤为重要。

另外,由于部分非洲国家政府对当地治安和枪支等武器的管控不力,加上经济和商业利益、文化传统和习俗差异等因素引发的暴力行为也屡见不鲜,对公司员工的人身安全构成了威胁。同时,这也反映出很多投资非洲的中国企业在安全管理意识和独立应对安全风险方面的能力还是比较薄弱的,

① 莫桑比克是中国在非洲重要合作伙伴和"一带一路"的自然延伸。2018 年 9 月中非合作论坛北京峰会期间,中国与莫桑比克签署的"一带一路"合作谅解备忘录,预示着两国的合作关系将会进入一个新的高速发展时期。

民营企业尤为严重。出于对经济利润和成本等因素的考虑,中资企业普遍在安全问题上心存侥幸,在驻非洲员工的安全保障机制上还是比较缺失的。①有效预防企业海外投资的人员安全风险问题发生,切实保障企业的海外安全和利益,除了避免在治安情况太恶劣的地区建厂外,中资企业需要向中国专业的安保服务机构寻求专业的指导和帮助②,也可以采用国际上通用的做法,购买东道国本地优质的安保服务来保障人员安全。一些东道国的安保公司较早对中国海外投资企业开展业务,其中涵盖中国的国有和民营企业的各个行业。这些公司主要依靠当地网络推介、承揽和执行业务,也有和中国安保公司合作开展业务的。③

---

① 安保作为风险管理最重要的环节之一,是决定其他企业政策经营的重要因素,正可谓一个细微的漏洞,可能会影响整个安全系统的安全运行,甚至对企业的经营造成负面影响。然而,就整体而言,很多海外投资的企业至今也没有意识到安全问题已经成为与技术、资金比肩的重要环节。许多走出去的企业既没有落实国家规定的安保投入,也没有专门的安全管理团队;一些企业即便有安保投入与预算,也只是敷衍了事。根据国际经验来看,我们建议项目安全运营成本在合同标的额的1% ~3%,而在一些高风险的地区可能到10%,安全成本非常高。而那些已构建安全管理体系的企业正在逐步淘汰那些心存侥幸而置安全风险不顾的中国企业。比如,像华为一年海外人工安保费用大概是1000多万美元,而中石化、中石油和中海油三家中资巨头一年的海外安保费用在20亿美元左右。

② 随着中国海外安全事故的频发,海外利益保护成为日益得到关注的问题,"走出去"企业与人员对海外安全的巨大需求推动了中国海外安保行业的快速成长。海外安保是海外利益保护的一个组成部分。海外利益保护是指保护境外的中国公民、企业与机构的人身、资产以及生产经营活动免受威胁或侵害。海外安保通常特指境外项目或者机构招用人员或者聘请专业安保公司在海外开展的守护护卫、警戒巡逻、押解押运、安全咨询、安全风险评估、安全检查以及技术防范、突发事件处置与救援等活动。到目前为止,中国政府有关部门在指导海外安保工作方面的文件主要有:国务院办公厅《转发商务部等部门关于加强境外中资企业机构与人员安全保护工作意见的通知》(国办发〔2005〕48号)、《境外中资企业机构和人员安全管理规定》(商合发〔2010〕313号)、《对外投资合作境外安全事件应急响应和处置规定》(商合发〔2013〕242号)及2017年的《关于改进境外企业和对外投资安全工作的若干意见》等。

③ 除了中国海外安保公司,海外投资的中国企业也可以选择跨国型或本土型安保公司。一般而言,跨国型的安保公司规模都很大,业务基本上覆盖全球,比如全世界最大的安保公司,英国的G4S是世界上第三大的私营企业。G4S有大约60多万个雇员,提供全球各地(朝鲜除外)的相关服务;还有比较著名的成立于1934年的瑞典公司赛科利达(Securitas AB)、加拿大的加达国际(GanadaWorld)、成立于1975年的英国安全公司化险集团(Control Risks)等。这些大型的国际安保公司,主要依靠在华办事处推介和承揽业务,管理规范、收费高昂,主要针对一些大型的国有企业提供海外安保服务。在一些安全形势比较复杂、风险比较高的国家和地区,当地的安保市场由本地型安保公司垄断,比如肯尼亚的KK公司、南苏丹的VSS公司及Insight Security公司等。参见黎江、林林等:《海外利益保护与中国海外安保产业》,载中国网,http://news.china.com.cn/world/2019-09/01/content_75598413_3.htm。

中国海外安保从无到有，经过近20年的规范和发展，已经可以结合市场需求，为“走出去”的中资企业提供专业化水平的分层分类服务，满足客户的各类需求。[①]《保安服务管理条例》(2020年修订)确定了安保企业的监管部门公安部是中国海外安保行业的监管者。除此之外，由公安部主管的中国保安协会也在一定程度上承担着海外安保公司的行业监管角色。目前，中国安保行业比较大型的保安公司有北京德威保安服务有限公司(主要覆盖国家包括肯尼亚、马里、中非共和国、南苏丹、苏丹、几内亚、尼日利亚、阿尔及利亚、马达加斯加、埃塞俄比亚等)、中安保实业有限公司(覆盖埃及、苏丹、厄立特里亚、津巴布韦、南非、利比亚、摩洛哥、尼日利亚等国家)、北京鼎泰安元安全防范技术研究所(覆盖埃塞俄比亚)、深圳中州特卫安全顾问有限公司(覆盖部分非洲国家)等。这些公司主要依靠中国总部推介和承揽业务，部分企业在海外有分支机构。相较大型的跨国型安保公司，这些公司收费适中，管理水平正不断提升，市场占有额也在不断扩大，主要客户为大型的国有企业，也有较多的民营企业。[②]

五、企业内部防控措施

除了以上防控措施外，海外投资企业还应通过完善聘用专业人士、加大员工培训力度和优化企业内部管理体制来降低风险。比如，聘请专业的风险

---

① 21世纪以来，中国安保业的发展共经历了四个阶段：从2003年中安保收购国外安保公司，中国海外安保业迈出了第一步；从2010年开始，中国的海外安保业随着行业的改革及《保安服务管理条例》的出台，进入了成长期；紧接着，2015年开始，随着国家顶层越来越重视和加强海外安保工作，这也促使越来越多的海外安保企业的出现，中国海外安保业进入了壮大期；最后，中国安保公司经过多年海外实践、吸取了教训并积累了大量的经验，已经从最初简单的服务供应，逐步转变为分层分类服务供应。因此，中国海外安保业从2017年开始进入了专业化发展期。一般来说，从收费标准来说，中国海外投资企业与中资安保公司签订整体安保服务协议，组成一个团队(包括2～3名中方管理和6～8名当地持枪保安)，整体收费根据地区不同，每月在2万～5万美元，成本相对较高。《中国安保公司的海外实践现状与挑战》，载安保保安安防2019年8月31日，https://www.sohu.com/a/337829818_796407。

② 在实践中，一些预算有限但是需要海外安保服务的中小企业一般会选用国内一些小型的安保公司。这些公司一般没有机制化的推介业务的渠道，承揽业务多数依靠关系，收费差异很大，管理也不规范，通过各种名义派出，其中不乏打黑工者。参见《海外安保现状及安保公司排行榜》，载红德官网2016年4月11日，www.redthink.com.cn。

控制人员，由专业人士负责企业的投资安全和责任承担；特别是与法律有关的问题，需要聘请专业的法律工作者出具专业的法律意见。[①] 同时，中国企业还应该加大员工的法律培训力度，模拟法律应用场景，以提高员工在实践的应对能力。另外，有条件的企业还可以聘请语言老师对中国雇员开展东道国本地语言和文化的定期培训。当然，提高企业管理人员的管理水平和方法，提高管理效率，避免与当地雇员不必要的冲突，使企业可以健康发展也是非常重要的。

除此之外，中国企业还应注重发展多元化和宽容的企业文化和工作气氛，通过实行按劳分配制度，保证企业的公平性，通过为员工提供良好的安保环境等方式提高员工的工作积极性，从而实现企业的综合效益。

---

① 在律所的选择上，越来越多的在非企业倾向于选择与东道国律所有合作关系的中国大型律师事务所。在这种两地律所联手承办案件的合作模式下，中国律所作为“总包方”承办整个案件或项目，直接和客户对接。然后，按照项目的实际情况把整个项目或案件分为几个部分，其中需要非洲当地律师合作的部分，就利用自己丰富的资源和行业经验帮助客户直接对接在该领域内最优质的当地律所和律师资源，把一部分或几部分的工作内容“分包”给合适的当地律所律师。通过这种方式，解决了中国律所在东道国可能面对的人手不足、“人生地不熟”等问题；而对于客户而言，由中国律所直接对接当地律所，往往可以得到更优惠的法律服务报价，进行更专业有效的沟通，也解决了语言问题可能带来的障碍与不便；最后，中国律所可以在整体上把控当地律所律师的工作进度和质量，以确保通过中国律师和当地律所的共同努力，客户可以用最低的费用得到最高品质的跨境法律服务。参见北京德和衡律师事务所和中国社会科学院西亚非洲研究所非洲法律研究中心：《在非洲中资企业法律服务需求调研报告》，2020 年 12 月 2 日，第 15 ~ 16 页。

第二章　非洲商法协调组织

20世纪80年代中期以来，世界加速进入经济动荡、格局调整、体系变革的新阶段。世界经济全球化、区域集团化已成为不可抗拒的历史潮流，各国都纷纷以主动或被动的姿势加入这场经济全球化大潮当中，欧洲统一大市场和北美自由贸易区相继建立、亚太地区的经济合作组织也日趋成熟。为了改善经济环境、避免被"边缘化"的危险、积极迎接经济全球化带来的机遇和挑战，非洲各国逐渐意识到加快本地区经济一体化进程的必要性和紧迫性，意识到只有加强地区经济一体化，充分发挥非洲大陆的整体优势，实行互利互补、在开放中加强自身保护，才能在这场全球经济浪潮中占得一席之地。

然而，社会上任何事物的发展都离不开法律的规范与监督，区域经济一体化的进程亦是如此。区域经济一体化的制度如果没有完善的法律制度作为支持是难以实现的。非洲法律的多样性影响了非洲各国之间、非洲国家与其他大陆国家之间贸易的发展，且阻碍了非洲经济一体化目标的实现。因此，非洲区域经济一体化的高速发展必将伴随法律一体化的实现，非洲统一商法组织在商业法的协调与统一上起到了非常重要的作用。

在这个新时代背景下，为了共同面对经济全球化带来的冲击，中国与非洲各国的经济交往越来越频繁。如何加深对非洲各国法律制度的理解，以便在经济活动中预测各种法律后果，成为中国投资者普遍关注的问题。

第一节　非洲商法协调组织的诞生与发展现状

非洲这片古老的大陆是人类和世界上最早的国家的诞生地[①],并在很早以前就创造和发展了光辉灿烂的古代文明,留下来了丰富的文化遗产。然而,从 15 世纪开始,西方殖民者开始在非洲建立殖民地。400 多年的殖民统治给非洲的经济发展带来了重创。虽然第二次世界大战后,非洲大陆各国纷纷摆脱殖民主义和种族主义的枷锁,成为独立的国家[②],但是,几百年的殖民主义给非洲经济发展带来了重创,导致非洲多数国家在全球经济中长期处于末端和边缘化的境地。到目前为止,非洲仍是最不发达国家最多、发展中国家最集中的地区。为了改变这种现状,非洲各国政府把振兴本国经济作为首要任务,不断探索适合本国情况的发展道路,以谋求改善人民生活水平,增强国家政治经济实力,在国际事务上取得更多的话语权和决策权。

非洲政治经济发展道路是曲折的,在不断摸索的过程中,非洲国家曾经模仿西方国家的经济发展模式,也曾经执行世界银行的"经济结构调整"方案。但是失败的结果一再证明,外部模式不适应非洲大陆的现实情况,非洲各国开始向内寻求更适合自己的发展模式。经过几十年的探索和总结经验,非洲国家意识到非洲各国是一个经济共同体,只有坚持"联合自强、自主发展"的道路才会带来一个团结、独立和不断强大的大陆。[③] 在此基础上,20 世纪 90 年代,各类政治、经济的区域性组织纷纷在成立。然而,经济一体化必须有法律一体化作为前提和保障,必须实现区域法律一体化,创建一套现代、统一、透明又易于操作的商事法律制度,来保障非洲经济投资和发展的持续,在这个前提下,非洲很多为了实现经济、法律一体化的区域性组织纷纷成立和

---

① 根据目前考古研究显示,世界上第一个直立行走的人类生活在距今 320 万年的埃塞俄比亚。世界上最早的国家是约公元前 4000 年在非洲大陆上建立的古埃及王国。

② 第二次世界大战后,非洲独立运动的浪潮在北非开始兴起。1990 年,纳米比亚共和国获得独立,标志了殖民时代的结束。自此,非洲大陆完全独立,只有少数非洲岛屿目前仍属于欧洲国家。

③ 舒运国:《非洲在世界格局中的重要地位——李克强总理定位非洲为"三个一极"》,载人民网,http://cpc.people.com.cn/n/2014/0610/c68742-25126961.html。

开始运行。而非洲商法协调组织［L'Organisation pour l'Harmonisation du Droit des Affaires（OHADA）］就是其中成就最大、最具影响的区域一体化机构。

非洲商法协调组织的成立是非洲实现法律一体化最具成效的范本。该组织在成立之初就把非洲区域法律一体化，协调非洲商法，确保一个安全稳定的司法环境、促进本地区贸易与投资发展作为其使命和发展目标。非洲商法协调组织不但从立法层面制定简便、现代、实用性强的统一商法制度，为该地区的商事行为、投资者提供一个安全、稳定的法律环境，而且通过设立该组织的司法和仲裁共同法院来保证统一法的实施和商事争议得到公平、有效的解决，为后者提供了程序和制度上的保障。对于希望到非洲投资、经商的中国企业或商人而言，了解该组织的机构组成、运行机制，以及由其制定的一系列统一法是具有重要的现实意义的。

非洲商法协调组织是根据1993年10月17日在路易港（毛里求斯）签署的《非洲商法协调条约》成立的一个旨在促进法律一体化的政府间组织。2008年10月17日在魁北克市（加拿大的魁北克省会）举行的成员国元首峰会上通过了《非洲商法协调条约》的修订案。该条约的主要目的就是解决各成员国之间存在的法律和司法的冲突与不确定性。

截至2021年年底，有17个非洲国家加入了该组织，主要集中在撒哈拉沙漠以南的中西非国家，他们是：贝宁、布基纳法索、喀麦隆、中非共和国、科特迪瓦、刚果（布）、科摩罗、加蓬、几内亚、几内亚比绍、赤道几内亚、马里、尼日尔、塞内加尔、乍得、多哥、刚果（金）①。北非国家摩洛哥正在进行加入谈判。已经加入的17个成员国都拥有着丰富的自然资源和矿产资源。近几十年，中国与非洲投资贸易往来日益频繁，而到目前为止，中国在非洲的主要投资国家的前10名中就有5个国家是非洲商法协调组织成员国。得益于这个组织，西非各国从一个一个孤立的、法律制度陈旧、相互抵触的个体形成了一个统

① 刚果（金）于2012年9月13日加入了非洲商法协调组织，成为该组织的第17个成员国。需要注意的是，它的官方语言虽然是法语，但是却不是非洲法郎区的成员国。

一、现代化的且富有生命力的非洲区域性法律共同体。它的成功已经成为非洲乃至非洲以外国家和地区学习和效仿的榜样。[①]

一、非洲商法协调组织成立的原因

20 世纪 90 年代初,非洲国家遭遇经济停滞、政治动荡,导致投资水平急剧下降。非洲各国达成共识,认为投资是非洲经济发展的引擎,而司法环境的不安全性是投资衰退的真正障碍。于是,如何给投资者安全感、使他们重拾对非洲投资的信心成为非洲各国亟待解决的问题。

非洲商法协调组织就是在这个大背景下诞生的,其旨在为成员国之间制定统一的商法,改善商业争端解决体系的运作,促进国际贸易,给投资者一个安全、透明、稳定的法律框架,吸引更多的投资者,加速非洲经济的发展,使非洲大陆能够融入国际贸易的大潮中。

(一)国际经济一体化

经济一体化是非洲大陆各国历史性的选择,这不仅是为了应对当今经济全球一体化浪潮的冲击,同时也是受到了欧洲一体化发展的启示,更是为了积极迎接新时代的挑战、增强其自身抵御风险的能力,面对全球经济高速发展的当务之急。相较于欧盟、亚太经合组织以及北美自由贸易区等的成熟发展,游离在这三大经济集团之外的非洲各国不但难以从世界经济高速发展中受益,反而饱受排挤和打压。为了避免再次沦为发达国家和跨国公司的“新技术殖民地”,加强区域一体化已经逐渐从非洲各国政府自上而下的声音转变为各国经济发展自下而上的诉求。

相较于三大经济集团的成熟发展,20 世纪 60 年代末就开始的非洲经济一体化进程却仍处于初级阶段。阻碍非洲大陆各国经济发展的原因包括来自其内部自身的政治、经济、文化等条件的制约以及外部国际环境的影响。作为世界上民族和文化最具多样性的大陆之一,长期的殖民统治给非洲国家

① 受非洲商法协调组织的启发和其取得的巨大成就的鼓舞,加勒比国家效仿非洲商法协调组织成立了自己的商法协调组织:加勒比地区商法协调组织[Organisation pour l'Harmonisation du Droit des Affaires dans la Caraïbe(OHADAC)]。具体内容可参见:http://www.ohadac.com/。

带来了先天的不足,各国之间经济结构单一、互补性差等原因都在一定程度上妨碍着非洲经济一体化的实现。然而,经济一体化的扩大与深化是离不开法律的统一化与协调化的。后者不仅是非洲大陆经济一体化实现的前提条件,更为非洲国家之间的交流和合作提供制度上的保障。实现法律的统一化和协调化意味着非洲各国在立法、司法领域相互借鉴、努力摒弃差异性,避免由于法律条文、规则的差异带来的国际商事争议,从而推动和促进区域间贸易的发展。同时,统一的国际商法规则也会加速推进非洲内部人员、资本以及货物等的自由流通,除此之外,也为投资者构建一个安全的投资环境,提供一系列公平、高效的争议解决途径,从而根本性地提高非洲在经济全球一体化这个新格局的地位。

总之,非洲法律区域化的实现将是非洲法在当代全球化大背景下的新突破和跳跃式发展,并将成为其通往法律全球化的桥梁。[①]

(二)非洲法律体系自身的原因

一方面,由于历史原因,非洲大陆众多法律体系并存,许多国家仍受过时的、不健全的法律制度所束缚,其复杂、不统一的法律制度再加上没有可以快速有效解决商事争议的权威独立的法院系统,给各国之间的贸易往来交易带来了诸多不便和不确定因素。非洲大陆各国的法律多呈现法律"巴尔干化"特征,主要指的是非洲各国从其原宗主国继受的法律制度,这些从西方殖民者继受而来的法律片段在非洲大陆产生水土不服问题,不能适应非洲各国的

① "法律全球化"指的是法律的各种要素,比如法律概念、法律原则、法律制度与执行标准等,超越国家的疆界和限制,在全球范围内趋同,形成全球共同遵守和执行的法律。法律全球化是全球化的重要组成部分和前提条件,与经济全球化密不可分,是市场经济发展的结果,同时为经济全球化的实现提供制度上的保障。其实,法律全球化这个概念对于法制史学科的研究并不陌生,最早可以追溯至奥古罗马时期。第二次世界大战后,各国签订的《联合国宪章》,以及之后的《世界人权宣言》《关税及贸易总协定》等国际公约和协定的签署和批准都表明世界各国正在经历着一次新的法律全球化浪潮,成为世界法律发展的基本态势,而且在规模和影响力方面更是史无前例、绝无仅有的。同时,我们也需要注意,在这个法律全球化实现的过程中,某些国家的法律文化、法律制度是必然会受到冲击的,比如非洲国家。面对这种困境,我们首先要清楚法律的全球化绝不是以某一国家或者某一现有的法律体系作为唯一、统一的法律模式推广到全球每个国家、地区。法律全球化是一个动态的法律渗透、参与和协调的过程,在这个过程中,每个国家都应该直面挑战,积极争取话语权,借助法律全球化的契机来推进自己的法治改革。

社会经济发展,于是非洲各国根据本国需要来制定“适合自己”的法律,而新的法律条文通过国家立法机构制定并颁布的同时,调整同一法律关系或者领域的其他相关法律却并没有被及时废除。这些都加速了非洲法律体系的多样性,并增加了非洲各国内部法律文本的冲突性。非洲法律法规的陈旧、杂乱是非洲各国在法律问题上的通病,是非洲经济一体化道路上的消极因素与障碍。

另一方面,法律工作者缺乏,司法工作人员培训与经验不足,法院效率低下、办案拖拉、执行困难,还有各种对职业道德规范的漠视、徇私舞弊等现实问题,导致司法办案具有不可预测性。这些都使有意愿投资非洲的投资者望而却步、犹豫不决。

在这种背景下,非洲各国更坚信,如果只是通过完善本国法律制度来改善投资与贸易的法律环境是远远不够的,必须建立一个区域性的法律统一和协调组织,以确保经济活动的法律和司法安全,刺激投资,并在非洲建立一个新的发展中心。

二、非洲商法协调组织面对的现实问题

在非洲商法组织成立的20多年来,面对的现实问题主要包括保障组织运行的资金以及各成员国之间的语言和法系的差异等,同时,这些问题也是目前限制非洲商法协调组织发展壮大的最主要障碍。

(一)组织运行的资金来源

资金问题对非洲商法组织来说是一个真正的挑战。[①] 事实上,非洲很多政府间的国际组织都是由于缺乏资金而不得不停止运作的,这是因为在各国财政部长对向各个区域性组织或者次区域性组织进行预算登记和(或)信贷发放等方面经常犹豫不决,甚至是在一些比较紧急应当优先考虑的情况下也是如此。当然,这也是由于非洲很多国家的财政资金的困难所导致的。正如

---

① AHOYO André-Franck, *La problématique de financement de l'OHADA*, *Revue Trimestrielle de Droit Africain*, *Penant*, Éditions Juris Africa, 2008, p. 432.

我们上文提到的，为了避免非洲商法协调组织也因为资金问题而昙花一现，非洲商法协调组织确定了由各成员国司法部长和财政部长组成的“混合性”的部长理事会。

事实上，各成员国司法部长的出席是对遵守制定的法律规则的一种保证，正如各成员国财政部长的出席是对遵守经济和金融承诺的保证一样。由此，在一体化的框架下，各国成员国建立的这个机构构成了一个紧密的整体。①

非洲商法协调组织的资金来源规定在《非洲商法协调条约》第43条，具体包括成员国每年的捐助；非洲商法协调组织与其成员国、国际组织达成的协议而获得资助；捐赠和遗赠。② 根据上述规定，在成立初期，非洲商法协调组织的经费主要来自组织外部的国家与机构的捐赠。③ 在1997年，部长理事会批准了一个金额为120亿的非洲金融共同体法郎④的资本化基金，旨在保证非洲商法协调组织成立后10年的运营资本。其中成员国的捐助金额占总额的50%，法国资助了40%，最后的10%来自其他外部合作伙伴的支持。然

---

① Alhousseini MOULOUL, *Comprendre l'Organisation pour l'Harmonisation en Afrique du Droit des Affaires* (*O. H. A. D. A.*), 2ème éd., décembre 2008, p. 34, https://www.ohada.com/uploads/actualite/1403/Comprendre-l-Ohada-fr.pdf.

② 根据《非洲商法协调条约》第43条的规定，部长理事会确定成员国的年费数额、批准。

③ Alhousseini MOULOUL, *Comprendre l'Organisation pour l'Harmonisation en Afrique du Droit des Affaires* (*O. H. A. D. A.*), 2ème éd., décembre 2008, p. 46, https://www.ohada.com/uploads/actualite/1403/Comprendre-l-Ohada-fr.pdf. 1997年4月29日和30日在日内瓦，在联合国开发计划署主持下举行的资助者圆桌会议上为非洲商法协调组织筹资大约65亿非洲金融共同体法郎，用于资助这个新的组织开展各项活动。

④ 非洲金融共同体法郎（Franc de la Communauté financière d'Afrique），是非洲经贸联盟的统一货币。由法国银行和西非有关各国银行共同发行的非洲金融共同体法郎是法国和西非八国（目前包括西非经贸联盟的8个成员国：贝宁、布基纳法索、科特迪瓦、几内亚比绍、马里、尼日尔、塞内加尔及多哥）之间金融、经济合作的重要工具，目前与欧元仍采用固定汇率制（1欧元=656西非法郎）。2019年6月17～18日在科特迪瓦经济首都阿比让召开的西非国家经济共同体财长和中央银行央行会议中的一项重要议题就是计划在2020年创建西共体统一货币，取代西非法郎和目前流通的本国货币，并将西共体统一货币初步被命名为“ECO”。创建统一货币后，将组建“西共体联邦中央银行”，统一管理西共体单一货币。西共体单一货币拟放弃目前西非法郎与欧元的固定汇率制，计划采取浮动汇率制。信息来源：2019年6月21日中华人民共和国驻几内亚使馆经贸处新闻。截至2022年为止，因新冠肺炎疫情影响，尚未获悉ECO已正式成立的信息。

而,在实际操作中,成员国的捐助部分显示出其局限性(比如捐款延迟、管理官僚化等问题),因此为了保证组织能有充足和定期的财政来源来确保其被赋予的使命和任务可以得到全面的实现,部长理事会经过多次的讨论,于2003年10月18日的部长特别理事会上以绝对多数通过了关于非洲商法协调组织自主筹资机制的第002/2003/CM号规定,对来自第三国而在成员国内销售的进口产品征收海关价值0.05%的税。这项财政收入主要用于保证司法与仲裁共同法院、常设秘书处的运行支出以及各项活动计划的必要经费,于2004年1月1日生效。① 自2010年6月21日以来,西非经济货币联盟②委员会被授权负责西非经济和货币联盟成员国应缴纳的捐助份额。为了更好地实现这个机制,解决非洲商法协调组织的财政问题,2008年10月17日在加拿大魁北克召开的组织各成员国元首和首脑峰会上"自主筹资机制"的宣言草案成为大会的主要议题。大会通过了非洲商法协调组织"自主筹资机制"的魁北克宣言,呼吁各成员国的财政部长采取一切必要措施,从2009年1月1日起有效地执行这一机制。③

2013年6月14日,新的非洲商法协调组织成员分担捐助份额在部长理事会通过。目前,成员国的捐助金额通常列入每个成员国的年度支出预算。④除此之外,非洲商法协调组织还得到了技术和金融合作伙伴的支持(les Partenaires Techniques et Financiers),其中包括法国和世界银行。

---

① 公布在《非洲商法协调组织公告》2003年第14期。002-2003/CM号规定一共20条,其中详细地规定了不可征收此项税收的豁免情况、征收过程、争议解决等细节。

② 西非经济货币联盟(Union Économique et Monétaire Ouest-Africaine,UEMOA):1994年1月10日成立,其前身是"西非货币联盟"。《西非经济货币联盟条约》于同年8月1日起正式生效。它的宗旨是促进成员国间人员、物资和资金流通,最终建立西非共同体。http://www.uemoa.int/fr。

③ 详见 Déclaration de Quebec sur le, *mécanisme de financement autonome*(自主筹资机制的魁北克宣言),http://www.ohada.com/content/newsletters/449/declaration-quebec-mecanisme-financement.pdf。

④ 根据非洲商法协调组织第03/2013/CM/OHAD号决议,各成员国对非洲商法协调组织财政的年度捐助现行比例确定如下:喀麦隆共和国8.57%、刚果共和国8.57%、科特迪瓦共和国8.57%、加蓬共和国8.57%、几内亚共和国8.57%、塞内加尔共和国8.57%、刚果民主共和国8.57%、贝宁共和国5%、布基纳法索共和国5%、赤道几内亚共和国5%、马里共和国5%、尼日尔共和国5%、乍得共和国5%、多哥共和国5%、中非共和国2%、几内亚比绍共和国2%,以及科摩罗联盟1%。《非洲商法协调组织公告》2015年第28期。

到目前为止，非洲商法协调组织运行的财政资助主要来自会员国根据自主筹资机制提供的捐款，以及技术和金融合作伙伴的财政支持（主要是世界银行通过改善投资环境方案等方式进行）。如何筹集更多的资金来资助自身的运行，并为地区高等培训学校提供更多的费用进行科研和培训活动，这些问题一直存在并将长期伴随非洲商法协调组织的发展和壮大。

（二）语言问题

非洲是世界上语言种类最多的大陆，其语言的多样性是非洲区域一体化的一大障碍，同样也为其法律区域化带来了极大困难。在非洲众多区域组织成立初期，法律文本语言的选择都成为令他们头疼的难题，最后往往都采用了多种官方语言作为工作语言的办法，在实际操作中，这种多语言环境造成了组织成员工作和沟通中的一大障碍。

截至 2022 年 4 月，非洲商法协调组织的成员国增加到 17 个，覆盖了大约 1.2 亿人口，成员国的语言种类也达到了 40 多种。其他很多非洲区域性组织相比，该组织大多数成员国都是法国的前殖民地，法国还是第一个为其提供资金和技术支持的国家，因此在成立初期，法语就被确定为唯一的官方语言，并以文本形式确定在了 1993 年的《非洲商法协调条约》中。①

但是，随着非洲商法协调组织规模的不断扩大，加入的成员国还包括以葡萄牙语为官方语言的几内亚比绍、以西班牙语为官方语言的赤道几内亚以及以英语和法语为官方语言的喀麦隆，而商法协调组织制定的大部分统一法令目前都是以法语形式出现的，语言不通直接影响到他们对统一法的理解和应用，对他们将有关经济争议提交到司法与仲裁共同法院的意愿也造成了阻碍，更不利于吸引更多非法语非洲国家的加入。因此，2008 年该组织对《非洲商法协调条约》第 42 条进行了修订，将工作语言扩大为法语、英语、葡萄牙语、西班牙语四个语种。但是已经公布的法语版本在被翻译成其他语言前已经具备完全的效力，在不同语言版本发生歧义时，法语版本具有标准文本的法律效力。

然而，有关语言的新条款与执行之间还是存在一定困难的，语言问题依

---

① 《非洲商法协调条约》第 42 条。

然是实践中困扰非洲商法协调组织的一个大的问题。首先,官方公布的统一法已经有法语和英语两个版本,但是其他绝大多数关于非洲商法协调组织以及统一法的学术文献、期刊等都是以法语书写的。其次,非洲商法协调组织举办的绝大多数研讨会、学术交流会等也是以法语进行的,这些现实原因,降低了非法语成员国参加有关非洲商法协调组织和统一法而展开的学术研讨、交流等活动的积极性。最后,语言的问题也体现在文本翻译的困难上。喀麦隆作为英法双语国家,承担起了大部分的法律文本和重要资料的翻译、修订工作。商法协调组织的快速发展也带来了大量的、繁杂的翻译工作,再加上非洲各国习惯法众多、多种法律体系并存的情况,也都相应地加大了翻译的难度。[①]

非洲商法协调组织正在尽力解决语言问题对组织和统一法的影响力带来的障碍,但是这个阻碍是不会在短期内彻底消失的,需要一个长期的、缓慢的过程。[②]

(三)法系问题

如果非洲商法协调组织想发展壮大,对非洲法律一体化起到更大范围的影响,从而改善非洲大陆整体的经贸投资法律环境,那么非洲大陆国家的众多法系问题将是该组织面临的最大障碍。

我们可以在统一法中看到法国法的深远影响,这主要是因为非洲商法协调组织大多数成员国都是前法属殖民地,因此该组织主要是从统一或协调法语非洲国家的商法开始的。但是该组织是对非洲联盟的任何成员国,甚至对成员国邀请加入的非洲联盟的任何非成员国开放的,那就存在大陆法系和英美法系以及混合法系传统的非洲国家进行商法的统一或协调的问题,由此亦会带来统一法制定和适用等多方面的问题。

首先,非洲商法协调组织现有的成员国都是受法国法传统影响很深的国

---

① 参见贺鉴:《论非洲法律文化研究中的法系问题》,载《湘潭大学学报(哲学社会科学版)》2010年第2期。根据贺鉴的观点,非洲法不等同于非洲法系,当代非洲的法系主要包括:非洲大陆法系、非洲普通法系和非洲混合法系。

② DICKERSON Claire Moore, *Le droit de l'OHADA dans les États anglophones et ses problématiques linguistiques*, *Revue internationale de droit comparé*, Vol. 60, n°1, p. 13 - 17(2006).

家，它们在法律条文、司法程序方面有共性，比较容易认可和执行统一法的规定。但是，随着组织的发展和扩大，其他受英国法、葡萄牙法影响的国家越来越多地加入进来，这些来自不同法系的国家就会在统一法的制定过程中提出越来越多的质疑和异议。在这种情况下，组织在商法统一方面所能起到的作用可能就会大打折扣。

其次，根据《非洲商法协调条约》的规定，该组织制定的法律、法规一旦生效，就在各成员国内具有强制力和直接适用性，与之相冲突的成员国的国内法将直接无效。这种超国家主权的强制性特征目前还没有在成员国的法律适用中表现出太大的问题，主要是因为统一法和现有成员国国内法在立法精神、法学理论和诉讼程序方面都有共通性。同时，在实践中发生争议的时候，大多数当事人都倾向于采用调解、仲裁等非诉讼解决争议的形式，所以统一法和成员国国内法冲突问题还没有凸现出来。但是如果越来越多不同法系的国家加入，统一法的强制性直接适用的特点是否可以被新成员国接受，被其他法系的成员国接受，都是一个值得讨论的问题。

最后，非洲商法协调组织制定的统一法的适用范围仅限于其成员国，那么许多不是该组织成员国的非洲国家在和该组织成员国进行经贸投资往来的时候就不适用这些统一法令。而这些非组织成员国的国家恰恰都是受其他法系影响比较深的国家，那么该组织如何在法律的框架下为成员国提供法律上的保障？这也是非洲商法协调组织需要思考和解决的问题。

第二节　非洲商法协调组织机构

非洲商法协调组织是一个非洲大陆政府间的国际组织，作为一个独立的国际人格者，它也必须拥有一定的法律行为能力[①]，因此，必须为该组织配备和设立相关具体机构并赋予其具体职能以达成完成该组织宗旨之目标。而

① 这在 1993 年《非洲商法协调条约》第 46 条（缔结条约、买卖不动产以及在国内法院出庭等）、第 47 条及第 49 条（非洲商法协调组织及其职员享有外交特权豁免等）中有明确的规定。

该组织条约确定了其设立的基本宗旨是创建共同的法律、司法体系,制定统一商法,设立超国家法院,协调贸易仲裁以达成非洲法律一体化的目标。为实现以上目标,2008 年修订后的《非洲商法协调条约》规定了非洲商法协调组织的组织结构以及各机构的职能。

非洲商法协调组织共设有五个机构:国家元首和政府首脑会议(La Conférence des Chefs d'État et de Gouvernement),主要为该组织的发展和商法统一化进程提供必要的动力并指明大体方向;部长理事会(Conseil des Ministres),主要是一个采纳或通过该组织制定的各种统一法令、决定商事法律统一与协调范围的立法机构;常设秘书处(Le Secrétariat Permanent),是部长理事会的协助部门,主要负责准备起草各种统一法令草案以及对外公布各种统一法,同时负责其他一些组织运行的行政工作;司法与仲裁共同法院(La Cour Commune de Justice et d'Arbitrage,CCJA),主要为该组织通过的各种统一法令在成员国的适用、解释提供保障,同时也具有仲裁的功能;地区高等司法培训学校(L'École Régionale Supérieure de la Magistrature,ERSUMA),该机构的建立旨在培养有关专门熟悉和适用各种统一法令的后备法官人才等。这些机构对于非洲商法协调组织的立法发展、解释及传播发挥着重要作用。

一、国家元首和政府首脑会议

在 1993 年签订的《非洲商法协调条约》中,并没有规定这一机构,然而在实践中,由于非洲商法协调组织缺乏一个最高权力机关,各个成员国内部很多政治方面的问题得不到迅速有效的解决,从而造成了各成员国之间政治关系的冲突和紧张的局面。因此,在 2008 年修订《非洲商法协调条约》的时候,为了弥补这个缺陷,规定成立了国家元首和政府首脑会议,作为该组织的最高权力机构,同时也减轻了部长理事会所面临的政治压力。①

国家元首和政府首脑会议是一个政治机构,在必要时举行会议,为协调

---

① [美]克莱尔·莫尔·迪克森编:《非洲统一商法:普通法视角中的 OHADA》,朱伟东译,中国政法大学出版社 2014 年版,第 37 ~ 38 页。

非洲商业法的进程提供必要的动力和大体方向。根据2008年修订后的条约第27条第1项的规定,该组织的国家元首和政府首脑会议由成员国的国家和政府首脑组成。在必要时,在担任部长理事会主席的成员国的国家元首和政府首脑的倡导下或者1/3的会员国的提议下,由前者负责召集并主持会议。该会议可以讨论和决定有关条约的所有问题,但是只有在2/3的成员国代表出席情况下,大会的召集才被认定有效。大会的决定原则上应以协商一致的方式予以通过,在无法通过协商达到一致意见的时候,应由出席会议的成员国代表的绝对多数表决通过。①

二、部长理事会

部长理事会是非洲商法协调组织的一个重要的机构,和其他国家组织的类似机构相比,它的组成和职权范围都比较独特。首先,这个机构由各个成员国的司法部长和财政部长组成,并负责整个组织的协调组织工作的审议机构。② 其次,组织的发展的具体方向、方案活动、授权预算和监测机构的运作也都由其来确定。最后,部长理事会还行使规范权,通过统一法案草案或《非洲商法协调条约》在其管辖范围内的任何决定。部长理事会通过的统一法案直接适用于任何会员国,并有权废除任何相反或相同的国家规则。

(一)部长理事会的组成特点

相对于一般的区域性国际组织或者次区域性国际组织由一个相同部门的部长组成的一般规则,非洲商法协调组织的部长理事会由各个成员国的司

---

① 绝对多数制(la majorité absolue)是比简单多数严格的投票方式。它要求需要获得超过全体有资格投票人数的1/2的票数才能通过相关法案、提议,而简单多数只要求到会者全体人数的1/2通过即可。

② Mouloul博士这样解释非洲商法协调组织部长理事会的这种特殊组成:首先,历史原因,一方面与各国的司法问题相关,而另一方面是对非洲法郎区国家商法进行协调的方案首先是由各国司法部长提出来的,然后又经过各国财政部长讨论和修改。其次,与商法相关的各个领域在经济和财政领域占首要位置。最后,也是我们认为最重要的原因,即为了使各成员国的财政部长可以对非洲商法协调组织的未来发展担起责任。Alhousseini MOULOUL, *Comprendre l'Organisation pour l'Harmonisation en Afrique du Droit des Affaires* (*O. H. A. D. A.*), 2ème éd., décembre 2008, p. 31, https://www.ohada.com/uploads/actualite/1403/Comprendre-l-Ohada-fr.pdf.

法部长和财政部长组成。① 部长理事会主席则由各个成员国按照字母的顺序轮流担任,任期为 1 年。② 如果一个成员国在轮到自己的任期内不能担任部长理事会主席,应由理事会按照前文的顺序来指定其后的成员国来代替其任职。然而,当受阻碍不能任职的国家认为障碍已经消除,其可以利用有利时机向常设秘书处提出建议,部长理事会决定是否恢复其部长理事会主席一职,并做出相应决议。

(二)部长理事会的职权范围

根据《非洲商法协调条约》的相关条款,部长理事会具有立法和行政的双重作用,主要拥有立法、行政以及监管方面的权力。

1. 立法职能

首先,根据条约第 6 条,统一法案制定后,由部长理事会审议,在听取司法和仲裁共同法院意见的基础上,替代各成员国来审议并通过各种统一法。其次,条约第 11 条规定,部长理事会根据常设秘书处的提议核准年度统一商法方案。最后,部长理事会有批准条约修改的职权。③

2. 行政与监管职能

部长理事会的行政与监管职能主要体现在批准、决定、选举和任命这几个方面:

首先,部长理事会有权力批准任何与条约的实施有关的条款,以及司法与仲裁共同法院的程序规则。其次,司法与仲裁共同法院的法官数量、常设

---

① 值得一提的是,部长理事会主席一职究竟是该成员的司法部长还是财政部长担任的问题并没有在条约中明确规定。Mouloul 博士解释说,根据条约文本默示的意思,每个成员国应该根据自己的惯例来确定主席人选;同样地,相关国家也将毫无疑问地根据当时法律方面还是经济与财政方面占主要地位来决定由其司法部长还是经济和财政部长来担任主席一职。Alhousseini MOULOUL, *Comprendre l'Organisation pour l'Harmonisation en Afrique du Droit des Affaires* (*O. H. A. D. A.*) ,2ème éd. , décembre 2008 , p. 32 , https://www. ohada. com/uploads/actualite/1403/Comprendre-l-Ohada-fr. pdf.

② 然而对于第一次担任部长理事会主席的后加入条约的国家,根据 2008 年修正后的《非洲商法协调条约》第 27 条第 2 款和第 4 款的规定,需要在该条约的最初签署国轮流担任完部长理事会主席后再按照他们加入的顺序来轮流担任。

③ 2008 年修订后的条约第 12 条对《非洲商法协调条约》修改的程序进行了完善,根据 1993 年签订的条约第 12 条的规定,条约修改的提议必须是任一成员国申请,并在遵守本条约中的第 7 ~ 9 条规定的前提下进行。2008 年的修正案中,特意加入常设秘书处也可作为条约修改的申请人,并且条约修改的申请,必须经过部长理事会的批准。

秘书处以及地区高等法官培训学校的职能、成员国年度会费缴纳金额都由部长理事会决定。再次,司法与仲裁共同法院的成员的选举、常设秘书处的常设秘书以及地区高等法官培训学校的校长、该组织年度财政报表进行审计的审计员等的任命都在其职权范围内。最后,部长理事会的职能还包括通过常设秘书处、司法与仲裁共同法院以及非洲商法协调组织的年度财政预算,并可以代表非洲商法协调组织接受遗赠或馈赠等。①

三、常设秘书处

常设秘书处是非洲商法协调组织的常设机构和日常行政管理机构。常设秘书处所在地最终设立在喀麦隆共和国的首都雅温德。②

(一)常设秘书处的组成特点

常设秘书处的所有工作由部长理事会根据《非洲商法协调条约》第40条任命一名常务秘书负责,任期为4年,并可连任1次。常务秘书根据部长理事会决定的标准任命3名主任,他们的职责主要分为三个方面:首先,他们协助处理法律相关事务并协调各个机关之间的关系;其次,负责财政与会计事务;最后,非洲商法协会组织的官方日志的出版等一般的行政事务的工作也由3名主任负责。

有一点值得注意的是,常设秘书处独立于各个成员国的组织,因此在其内部没有成员国的官方代表,这样设立的目的是确保常设秘书处的工作不受政治压力的影响。③

(二)常设秘书处的职权范围

首先,常设秘书处筹备制定非洲商法协商组织统一法的各种法案。统一法案草案送交给各成员国政府后,后者可在收到文本之日起的90日内将其书面意见提交给常设秘书处。期限结束后,附有各成员国政府意见和常设秘书处报告的统一法草案将立即由常设秘书处提交司法和仲裁共同法院,后者在收到请求之日起30日内发表意见。30日的期限结束后,常设秘书处负责将

---

① 《非洲商法协调条约》第4条、第19条、第31~32条、第40~41条、第43条、第45条和第49条。

② 根据1997年7月30日喀麦隆政府和非洲商法协调组织达成的协议。

③ 参见朱伟东:《非洲商法协调组织》,社会科学文献出版社2018年版,第37页。

统一法草案定稿,并提议将其列入下期部长理事会的会议议程①,最后负责将统一法公布在非洲商法协调组织的官方期刊上。

其次,常设秘书处还负责评估各个领域进行法律统一化工作的必要性,并向部长理事会提交待批准的年度协调商法的工作方案。②

再次,常设秘书处还负责向部长理事会的主席提议会议议程。③ 接受成员国提出的对条约进行修正或修订的书面请求。④

最后,司法与仲裁法院法官的选举工作也是由常设秘书处来负责组织进行的,其同时也负责地区高等司法培训学校的相关事务。

四、司法和仲裁共同法院

非洲商法协调组织的整个立法工作旨在给予投资者更多在其成员国投资和进行商事活动的信心。同样,统一法立法者的立法目的并不局限于制定一套统一的法律标准,他们同样关心如何为统一法的实施提供司法上的保障。如果统一法在各成员国内部以不同的方式适用和解释,那么非洲商法协调组织着手进行的商法的统一化和协调化就仍将仅是理论性的。商法统一必须伴随司法统一,以保证对经济经营者予以平等对待的原则。

为了实现非洲商法协调组织为投资者建立一个统一的法律制度、实现该地区内立法和司法的可预见性和稳定性的目标,只有一个立法机构来制定一套统一的商法规则是远远不够的,于是部长理事会在 1996 年 4 月 18 日的会议中通过了 3 部法律文本,设立了一个享有外交特权和豁免的司法和仲裁共同法院。⑤

---

① 《非洲商法协调条约》第 6 ~ 7 条。

② 根据《非洲商法协调条约》第 11 条。具体程序可参考 Alhousseini MOULOUL, *Comprendre l'Organisation pour l'Harmonisation en Afrique du Droit des Affaires* (*O. H. A. D. A.*), 2ème éd. , décembre 2008, p. 35, https://www.ohada.com/uploads/actualite/1403/Comprendre-l-Ohada-fr.pdf。

③ 《非洲商法协调条约》第 29 条。

④ 《非洲商法协调条约》第 61 条。

⑤ 这 3 部法律文本分别是:《司法与仲裁共同法院诉讼程序规则》(Le Règlement de Procédure de la CCJA)、《司法与仲裁法院的规约》(Les Statuts de la CCJA)和《司法与仲裁法院的仲裁程序规则》(Le Règlement de Procédure d'Arbitrage)。《司法与仲裁共同法院诉讼程序规则》于 2014 年 1 月 30 日进行了修订。

司法和仲裁共同法院把总部设在科特迪瓦的阿比让[①],并从1996年7月22日开始了筹备工作,并于次年4月正式开始运作,第一次开庭就批准了《普通商法统一法》。它是非洲商法协调组织一个非常重要的常设机构,其组成方式、职能及诉讼程序等内容详细规定在《非洲商法协调条约》和《司法与仲裁共同法院诉讼程序规则》中。[②]

(一)司法与仲裁共同法院的组成

部长理事会根据成员国提名拟定的法官候选人名单[③],通过无记名投票和绝对多数票当选的方式,选举9名法官组成司法与仲裁共同法院。[④] 每位法官任期7年,只能连任1次。候选人必须具有至少15年的执业经历,而且还需要同时具备一些其他的条件,比如在成员国里担任法官、执业律师或法学教授职务,1/3的法院成员必须来自律师和法学教授,并且法院的法官不得有一人以上是来自同一成员国的国民。为了确保法院的法官具有一定的独立性,不会受到推荐他的国家的影响和压力,保证司法与仲裁共同法院的法官都能在公平公正的前提下行使其职能,当选后法官在其继任者就职前是不能被罢黜或者撤销的[⑤],并且享有外交特权和豁免,同时他们也不能再行使行政或政治有关的职能。除此之外,他们也不能参加任何有报酬的活动,除非事先得到了法院的授权或者批准。[⑥]

法院的院长和两名副院长由法院内部选举产生,任期为3年6个月并且

① 《司法与仲裁共同法院诉讼程序规则》第19条解决了那些与科特迪瓦距离遥远的成员国当事人到法院进行诉讼不便利的问题。在事先征得有关国家同意的前提下,司法和仲裁共同法院可以在该成员国国内的任一地点召集会议。

② 在《司法与仲裁共同法院诉讼程序规则》于1996年4月18日被通过并实施的17年后,即2014年1月30日和31日的部长会议通过了第001/2014/CM号条例,该条例是对1996年版本的一个修订和补充。2014年的修订版主要涉及法院的职能组织和诉讼程序。

③ 根据《非洲商法协调条约》第32条的规定,每个成员国最多推荐两名司法与仲裁共同法院法官候选人。第33条规定:成员国需要至少在选举正式开始4个月前把提议的法院法官候选人名单呈交给常设秘书处,后者需要按照候选人姓氏字母的顺序来制定一份法院法官候选人名单,并在正式选举开始至少一个月前将此名单递交给各成员国以便查阅。

④ 2008年版《非洲商法协调条约》第31条。在1993年签订的条约中规定,司法与仲裁共同法院由7名法官组成。随着成员国数量的增多,法官的数量也随着增加。

⑤ 《非洲商法协调条约》第36条。

⑥ 《非洲商法协调条约》第37条。

不可连任。法院院长应根据法院的建议,从成员国提供的至少具有 15 年工作经历的书记官中任命该法院首席书记官,任期 7 年,可连任 1 次。书记处具有管理和秘书作用,首席书记官负责法院书记处的工作,并负责确认法院的书记处的其他职位和秘书处人选,共同协助法院履行职能。[①]

(二)司法与仲裁共同法院的职能范围

司法与仲裁法院是非洲商法协调组织的核心组织,它的主要职能已经反映在它的名称上。

1. 司法职能

司法与仲裁法院的司法职能主要规定在 2008 年修改后的《非洲商法协调条约》第 14 条规定:"作为最高上诉法院,司法与仲裁法院有权审理针对各成员国国内上诉法院做出的(除涉及刑事处罚的决定外的)任何与统一法的实施及条约条款有关的判决而提起的上诉。法院还可以在同样的条件下,对于任一成员国所有级别的国内法院针对同样的争议事项所做出的不可上诉的判决来做出裁决。"[②]由此我们可以看出,司法与仲裁共同法院的司法职能即诉讼职能,它对涉及非洲商法协调组织统一法调整的所有商事事项具有管辖权。

事实上,非洲统一法组织在司法领域呈现的是一个类似金字塔式的结构。司法与仲裁法院是超国家的最高上诉法院(刑事事项除外,各成员国的国内法院对刑事事项仍有专属管辖权),位于这个金字塔结构的顶端。为了确保统一法在各成员国内得到统一适用,成员国国内法院对于所有涉及统一法的适用及解释的案件只保留了一审和普通上诉的管辖权,但是其最高法院的管辖权被司法与仲裁共同法院的管辖权取代[③];针对各成员国国内任一审理级别的法院就涉及统一法的适用及解释的案件做出的但不可提

① 《非洲商法协调条约》第 39 条。

② 《非洲商法协调条约》第 14 条第 3 款。

③ 根据《非洲商法协调条约》第 13 条的规定,涉及统一法实施的争议的管辖权属于各成员国国内法院的一审或者上诉法院。那么对于不涉及非洲商法协调组织立法的案件中,成员国的国内法院仍拥有最高管辖权。

起上诉的判决①,也可以向司法与仲裁法院提起上诉。司法与仲裁法院做出的判决从宣判之日起就对整个共同体内各个成员国具体强制执行力。②

同时,条约第 14 条还规定,当作为最高上诉法院审理案件的时候,法院被赋予了作为"三审司法结构"的提审权③,可以就案件的实体问题进行裁决。这实际上是非洲商法组织的一个创新,司法与仲裁共同法院作为最高上诉法院,与国内的最高法院不同,因为它被赋予了一种所有其他区域性司法机构都不具备的权利,即对于案件的整体裁量权。具体地说,司法与仲裁法院可以不经成员国国内的任何实体审理法院而直接提审案件。如果司法与仲裁法院认为二审裁判有误,它可以直接对国内法院法官就该案做出的判决中存在的法律解读和适用问题做出判决;同时,还可以不用发回二审法院重新审理就直接对案件的实体部分做出判决,即就案件的事实判定中出现的错误进行纠正。④ 这种创新的结果是各成员国国内法院把特定案件的最终裁判权让渡给了司法与仲裁共同法院,即为了非洲商法协调组织的利益而放弃其部分国家主权,它的意义在于可以节省争议当事人的时间,避免可能出现的各成员国国内上诉法院判决不一致的情况,以及同一案件被再次提起上诉的可能性,也可以促进各成员国法院判例的统一化。⑤ 因此,很多学者认为共同法院

---

① 《非洲商法协调条约》第 14 条第 4 款。

② 《司法与仲裁共同法院诉讼程序规则》第 41 条。

③ 提审权(évocation)并不是一个新概念,它最早在 13 世纪初期的法国教会法中出现,现在还广泛应用于法语区的法律制度和盎格鲁 - 撒克逊最高法院。在非洲商法组织的框架下,司法与仲裁法院的提审权主要来源于两个条款。第一个就是我们上文提到的《非洲商法协调条约》第 14 条第 5 款,赋予了法院作为最高上诉法院在司法领域内的提审权。另外,在《司法与仲裁法院的仲裁程序规则》第 29 条第 5 款也规定了,假设法院认为对仲裁裁决的有效性的异议是有充分根据的,那么在当事人申请的情况下,法院有提审权并对争议的实质内容进行裁决。这里指的是法院在仲裁领域内的提审权。关于提审权,详见 NDAM Ibrahim,*L'évocation en matière judiciaire*:*Obligation ou simple faculté pour la Cours Commune de Justice et d'Arbitrage* ?,*Penant*,n°886,2014,p. 89 – 113。

④ 《非洲商法协调条约》第 14 条第 5 款。

⑤ Alhousseini MOULOUL, *Comprendre l'Organisation pour l'Harmonisation en Afrique du Droit des Affaires* (*O. H. A. D. A.*), 2ème éd., décembre 2008, p. 40, https://www. ohada. com/uploads/actualite/1403/Comprendre-l-Ohada-fr. pdf.

已经在实际上创立了一个“第三级裁判权”。①

各成员国管辖范围内的实体(审判)法官是非洲统一法组织共同体法律体系下的普通法法官,他们构成这个金字塔结构的底部,负责在基层司法层面来执行非洲统一法组织的法律。各成员国的国内法官须时刻提醒自己,非洲统一法组织的法律是以创建一个统一的、融合的法律环境为目标的。因此就算成员国的国内法官对执行该组织的法律持保留态度,但是非洲统一法组织的法律正确适用和执行构成了各成员国国内法官必须执行的一项义务。②

2. 司法外职能

司法与仲裁共同法院不仅有司法职能,即受理有争议的当事人的诉讼请求,还拥有咨询和仲裁两大职能。

(1)咨询职能

《非洲商法协调条约》第14条规定:“司法与仲裁共同法院确保对于本条约、在其实施过程中所制定的条例、统一法以及决定的统一解释和统一适用。任一成员国或部长理事会可以请求法院就前款规定范围内的任何问题提供法律意见。根据《非洲商法协调条约》第13条的规定,各个成员国的国内法院也可以就前款提到的范围内的任何问题向司法与仲裁法院提交申请法律意见请求的同样权利。”原则上,司法与仲裁共同法院提供的有关非洲商法协

---

① 事实上,第三级裁判权(un troisième degré de juridication)这种说法并没有得到所有学者的赞同。在学术界还是一个有争议的概念。Assi E. A., *La Cour commune de justice et d'arbitrage de l'OHADA: un troisième degré de jurisdiction?*, *RIDC*, n° 4, 2005, p. 943. KAGISYE Emmanuel,《Environnement juridique des affaires en Afrique: Système juridique et judiciaire de l'OHADA》, *HAL* - 01495642, 2017, p. 23.

② 这项义务的基础是非洲统一法组织法律的“立即适用性”(applicabilité immédiate),这是任一共同体法律所呈现的特征。事实上,法律的“立即适用性”意味着该法律已经完全被纳入国家层面的法律立即适用性,是欧洲共同体法(droit Communautaire)和普通意义上的国际法(droit international ordinaire)的根本区别。由此,国际法本身并不规定在条约中包含的准则必须被纳入国家的司法体系内。换句话说,把国际法引入一个国家的内部法律体系中是必须遵守该国家的宪法自主权(l'autonomie constitutionnelle)这个原则的,确切地说,是根据他们在国内法和国际法的关系中是坚持一元论还是二元论而决定的。关于欧洲共同体法的含义和特征,请参见 Simon D.,《Les fondements de l'autonomie du droit communautaire》, *Perspectives actuelles*, Paris, 2000, p. 161。关于宪法自主权原则,请参见 Pierre DELVOLVE, «L'autonomie constitutionnelle des États dans les droits européens», *Revue française de droit constitutionnell*, Paris, n°100, 2014, p. 887 - 906。

调组织立法的咨询意见及解释对成员国的国内法院的判决只起到参考价值，并不具有约束力，但是在实践中，各国法院会谨慎对待，反复思量，因为如果当事人一方就此争议的国内法院判决上诉到共同法院，而国内法院的判决与共同法院给出的意见或者解释相冲突，就很有可能被共同法院撤销。

关于法院的咨询职能，除了上述条例中提到的针对各成员国、部长理事会和各成员国国内法院提出的各种问题给予法律意见外，还包括上文提到的在对常设秘书处提交的统一草案以及附带各成员国政府意见的常设秘书处的报告提出意见，以及针对《非洲商法协调条约》《司法与仲裁共同法院诉讼程序规则》的适用和各种统一法在各成员国境内的适用进行的解释。[①]

成员国或者部长理事会的所有咨询的请求必须是书面的。在请求书里必须列明向法院请求给予法律意见的问题，并且附带可以用来阐明这个问题的所有资料，一起提交给首席书记官。[②]

法院做出的咨询意见及解释不具有约束力，不过，实践中成员国国内法院不可能对这些意见置若罔闻，由于成员国国内法院做出的涉及该组织立法的判决可最终上诉至该法院，如果该判决与其意见相冲突，就可能被撤销。

(2) 仲裁职能

司法与仲裁共同法院的仲裁主要规定在《非洲商法协调条约》第 21 ~ 26 条，第 21 条对向共同法院提请仲裁当事人的资格做了界定：合同的当事人一方要在非洲商法协调组织的某一成员国内有住所或惯常性居所，又或者合同已在或将在一个或多个成员国境内部分地或全部地履行。满足上面中的一项的合同的任一当事人都可以根据其所达成的仲裁条款或《非洲商法协调条约》所规定的仲裁程序向共同法院提请申请仲裁解决争议的请求。司法与仲裁共同法院的仲裁职能将在本书第四章进行详细介绍。

五、地区高等法官培训学校

地区高等司法培训学校于 1993 年 10 月 17 日成立，其总部设在贝宁的首

① 《非洲商法协调条约》第 14 条。

② 《司法与仲裁共同法院诉讼程序规则》第 54 条。

都波多诺伏。根据2008年修正后的《非洲商法协调条约》第41条的规定,该学校是一个隶属于常设秘书处的集培训、进修及有关商法研究为一体的培训中心。部长理事会可以通过制定条例来更改该学校的命名和定位,确定学校的结构、运作、财政来源以及津贴。该学校负责人由部长理事会任命,任期4年,可连任一次。①

(一)地区高等法官培训学校的组成特点

地区高等法官培训学校主要由四个机构组成:一个董事会、一个行政委员会、一个学术委员会以及一个校管理部门。

(二)地区高等法官培训学校的职责

Mouloud先生对地区高等司法学校的职责是这样解释的:在非洲商法协调组织这个共同的框架下,如果没有了解法律、传统法律及高效、统一地适用法律等的专业法律人才,就不能成功地统一非洲商法。鉴于非洲法官专业化程度有待提高,又缺乏一个继续教育的体系以及司法培训的不足等现实问题,一个旨在培养非洲国家的法官和其他法律工作人员、提高其专业化水平的学校就此成立。② 学校以访问教授的名义聘用在非洲商法协调组织法律方面具有权威性的、学术渊博、经验丰富的法律专业人士和法学家定期开设有关统一商法、其他共同体法律等课程,对非洲协调组织成员国的法官、律师等专业法律工作者进行职业化培训。③ 值得注意的是,学校的学员不局限于组织成员国的法律工作者,非成员国的法律职业人士也可以向学校提出申请,经学校董事会批准后也可到该校接受培训。④

地区高等司法学校高水平的法律培训课程对各成员国的法律职业者专

---

① 《非洲商法协调条约》第41条。

② Alhousseini MOULOUL, *Comprendre l'Organisation pour l'Harmonisation en Afrique du Droit des Affaires* (*O. H. A. D. A.*), 2ème éd., décembre 2008, p. 46, https://www.ohada.com/uploads/actualite/1403/Comprendre-l-Ohada-fr.pdf.

③ 可以接受培训的候选人员须由其国内的培训中心或专业团体提名,学校根据其职业能力、法律职能的性质,以及教育及职业背景等条件进行筛选,并确定最后录取名额。从每一成员国录取的人员数量一样。

④ 参见朱伟东:《非洲商法协调组织》,社会科学文献出版社2018年版,第39页。

业性的提高和加强具有非常重要的作用,对改善受训者本国的法律环境以及促进非洲商法组织的法律知识的传播也起到了关键的作用。

除此之外,地区高等司法学校法律和司法文献的研究和管理中心主要负责促进和发展非洲法律研究,致力于共同体框架下和成员国国家层面的法律和判例的统一,以及其他由部长理事会或者其管理委员会授权的其他任何法律事务。①

① Alhousseini MOULOUL, *Comprendre l'Organisation pour l'Harmonisation en Afrique du Droit des Affaires* (*O. H. A. D. A.*), 2ème éd., décembre 2008, p. 47, https://www. ohada. com/uploads/actualite/1403/Comprendre-l-Ohada-fr. pdf.

第三章　非洲商法协调组织的统一法

非洲商法协调组织在 17 个成员国内部的商法统一立法进程取得的卓越成就有目共睹，不仅非洲其他区域性组织都正在考虑或者已经借鉴其经验进行商法统一，而且加勒比地区各国也受到其启发，成立了加勒比海商法协调组织(Organisation pour l'Harmonisation du Droit des Affaires dans la Caraïbe, OHDADAC)，从而减少贸易和投资的障碍，促进区域经济的发展，以使自己不在全球化进程中被边缘化。

统一法包括所有为了实现协调和统一各成员国国内商法为目的而编写和采纳的简单、现代的和适应其国内经济形势的共同规则①，包括公司法、商人的法律地位、债务追回、担保、劳动法、审计法、执行、集体诉讼、仲裁法、货物运输以及部长理事会一致同意列入商法范畴的任何事项。上述的统一法可以包括有关刑事责任的条款。②

第一节　统一法的制定

部长理事会通过的所有统一法都具有强制性和直接适用于非洲商法协调组织成员国国内法律秩序的明显优势。因此，任何与统一法相抵触的国内法自动失效。统一法创造了一个简洁、统一、灵活、易于理解和操作的现代商事法律体系。通过对非洲商法协调组织法律制度的研究，可以帮助有意赴非进行商事活动的中国投资者提前做好必要的风险防范与规避，保证一切商事

---

① 《非洲商法协调条约》第 1 条和第 5 条第 1 款。

② 《非洲商法协调条约》第 5 条第 2 款。

活动都遵守当地的法律法规，进而增强对非洲投资的信心和避免不必要的经济损失。

非洲法在整体上体现为共通性和多样性两个最大特征。一方面，因为地理、历史等原因，非洲大陆各国在法律文化方面存在相当程度的相似性[①]；另一方面，由于非洲本土法和外来法等多样性法源的冲突和融合、相融合并，法律的多样性成为非洲法的最大特征，也是统一法制定和推广的最大阻碍，同时亦是非洲法律区域化的主要动力。这种错综复杂的关系构成了非洲法律发展的主旋律，同时也决定了单一法系是不符合非洲实际的。[②] 但是经济一体化的新时代背景又需要法律一体化作为前提，提供法律上的保障，从而统一与协调不同的法源，以保证其在实践中的融合、共存适用。

一、立法背景

任何一个地区、国家现有法律文化和法律制度的形成和发展都不能与其成长的土壤割裂开来。如果我们想更好地了解非洲法律制度的多样性和实现非洲法律区域化的可能性以及统一法的可实施性，就离不开从法制史的视角来研究和解释非洲当代独特的“混合”法律制度的形成原因和过程。

非洲大陆当代多样性法律模式的形成源于非洲法律渊源的多样性特征，其中主要包括非洲的本土法、外来宗教法和非洲各国保留的殖民主义统治时期原宗主国在非洲殖民地附属国强制推行的近代西方大陆法、英美法等法律制度。非洲的本土法主要指的是非洲本土习惯法和外来的宗教法。

---

① 非洲大陆通常作为学者研究法律文化和法律制度的一个统一整体，首先，由于非洲大陆在自然结构上是一个统一的地理单位，在历史上，非洲大陆各国拥有共同的文化传统；其次，非洲大陆各国有着相同的殖民遭遇和法律文化变迁转型的共同特点；最后，共同的法律文化和相同的被西方国家殖民的历史，使非洲大陆各国的法律渊源具有多样性特征。以上特征解释了为什么当代学者通常把非洲大陆作为法律文化和制度一个统一的整体加以研究和阐释。同样地，这些因素为非洲地区一体化进程中的法律一体化的实现提供了可能性和必要性。参见夏新华：《非洲法律文化的整体性与多样性》，载《外国法制史研究》2006 年第 0 期。

② 参见贺鉴：《论非洲法律文化研究中的法系问题》，载《湘潭大学学报（哲学社会科学版）》2010 年第 2 期。

非洲习惯法[1],即祖先法,是与非洲原始宗教相连的习惯法,是与其传统文化不可分割的固有宗教。非洲的外来宗教法指的是影响非洲法律发展史三大外来宗教,即伊斯兰教法、基督教法和印度教法。三大宗教以潜移默化的方式将其教义、教规的影响辐射到非洲社会的各个层面,尤其是在私法方面。[2]经过几个世纪的传播和融合,外来宗教法已经完成其本土化过程,成为非洲最具有立法意义的法。[3]

在法史学的研究领域,本土法与外来法是两个相对的概念,与此密不可分的就是法律移植和法律本土化两个概念。一个新的法律形式或者法律体系被移植到一片新的土壤,相对于经过长期演变已经在这片土地扎根并开花结果(被广泛接受和应用)的本土法律而言是外来法律。新的外来法律,经过与本地法长期的碰撞、相互适应和交融,最后能在这片新的土壤下保留下来,本地人能够从内心理解、接受并习惯此外来法的过程,也是其本土化的过程。非洲大陆国家由于长期受到西方国家的殖民统治,在不断的强制、妥协、并存和融合的过程中,其原有的习惯法、外来宗教法以及西方殖民者移植来的大陆法系的成文法、英美法系的判例法共同形成了非洲独有的"混合法系"。非洲多样性法律模式形成的历史过程,也印证了"人类社会的法律是在并存和

---

① 对于习惯法的定义可以参见《中华法学大辞典》中的解释:"由国家认可而具有法律效力的习惯或惯例。习惯法属于不成文法——法的形式渊源之一的重要内容。在表述方式上,习惯法起初都是非文字的,通过口耳相传的方式传播下来,之后逐渐出现了文字记载的形式。在法的起源上,习惯法最早形成于奴隶社会,起着前承原始社会的习惯,后启完全意义上的国家成文法的作用。"在西方法律史上,日耳曼法是习惯法的典型代表,因为在欧洲封建社会时期的日耳曼人的习惯法是一种没有立法者的法律体系。在日耳曼人的思想观念中,法律并非日常生活之外的某种强制性约束,它们本身就构成了生活的一个有机组成部分,因此学者普遍认为日耳曼法是一种习惯法。然而我们所研究的"非洲习惯法"这一概念是殖民时期的一种创造而不是前殖民主义的产物,是西方国家对殖民地,尤其是为了区别西方近代形成的法律制度而对非洲大陆国家传统法律的一种表达。参见胡兴东:《习惯还是习惯法:习惯在法律体系中形态研究》,载《东方法学》2011 年第 3 期;唐士其:《习惯法与法治的制度起源》,载《国际政治研究》2005 年第 1 期。

② 关于三大宗教在非洲的传播过程详见夏新华:《论非洲法律发展中的本土法与外来法》,载《辽宁大学学报(哲学社会科学版)》2010 年第 1 期。

③ 参见夏新华:《论非洲法律发展中的本土法与外来法》,载《辽宁大学学报(哲学社会科学版)》2010 年第 1 期。

融合中向前发展的”的这一规律。[①]

非洲各国纷纷独立建国后，在废除原宗主国与殖民统治相关法律的同时，还保留了大部分原宗主国的法律。[②] 因此，也形成了非洲现代法律多样性的特征，主要体现在非洲单个国家内部法律的不统一、非洲大陆各国之间法律的多样性，以及其与其他大陆国家法律的差异性。其中第二个问题是当代非洲法律一体化的最根本的阻碍。非洲各国家之间法律的差异性是其法律和司法非安全性的根本原因。[③]

非洲商法协调组织的成立和统一法的制定就是在这样的大背景下出现的，这一方面解决了非洲内部不同国家或者个体之间发生争议后应该适用哪一国法律，如何决定准据法、如何确定诉讼管辖的问题；另一方面，在国际贸易中，尽量避免了外国投资者以非洲法律过于繁杂、很多法律相对落后诸多理由来要求在合同中注明以外国商人的本国法和本国法院来解决争议。因此，“不仅国内法的多样性，而且一个区域内国际私法的复杂性，都极大地阻碍了贸易，非洲国家认识到尽可能地消除影响他们参与到区域内和跨区域国际贸易的各种法律差异，对它们是有益的”[④]。

为了创造良好、稳定的法律环境，吸引更多的外国投资，促进非洲各国家之间以及非洲与其他国家的国际贸易，原法属非洲14国于1993年签订了《非洲商法统一条约》，成立了非洲商法协调组织，并在条约的序言阐述了以上各成员国的政治愿望，突出强调了为了实现建立一个非洲经济共同体的承诺，一套可在各成员国内实施的统一的、简易的且适应性强的现代商事法律体系，为投资者提供一个良好安全的法律环境，促进本地区贸易与投资的发展。除此之外，为了保障、促进在非洲进行经济活动的法律安全和鼓励在非洲进

① 参见由嵘：《非洲法律发展的历史画卷——评〈非洲法律发达史〉》，载《河北法学》2007年第9期。

② 非洲大陆既有以法国、葡萄牙、比利时为代表的大陆法系传统的国家，如突尼斯、阿尔及利亚、摩洛哥、马达加斯加、科摩罗、加蓬、几内亚等；也有以英国为代表的海洋法系传统的国家，如利比里亚、冈比亚、乌干达、尼日利亚、加纳等，还有具备混合法系特征的国家，典型的国家如南非和埃及等。

③ 这种法律与司法的非安全性主要体现在五个方面：一是各国法律文本冲突的普遍存在；二是诉讼程序的无故拖延；三是法院判决的不可预测性；四是各国司法体制的腐败；五是判决执行上的种种困难。

④ 夏新华、彭妍艳：《论非洲法律的区域化》，载《西亚非洲》2010年第1期。

行投资活动,非洲统一商法必须在恰当的情况下被迅速地、有效率地实施。条约在2008年的修订中重申了商法的统一作为继续加强法治和非洲法律、经济一体化的工具的重要性。

二、统一法的制定和修改

非洲商法协调组织自成立以来,已批准并实施了10部统一法:《一般商法统一法》、《商业公司及经济利益集团统一法》、《担保法统一法》、《会计统一法》、《清偿债务的集体程序(破产程序)统一法》、《仲裁统一法》、《债务追偿简易程序及执行措施统一法》、《公路货物运输合同统一法》、《合作社统一法》和《调解统一法》。

这些统一法调整的事项涉及商人身份的界定、商事登记、商业租赁、商业营业资产的经营和买卖、商业中介(行纪商、居间商、代理商)、商业合同、公司的成立、公司类型(股份公司、有限责任公司、无限责任公司等)、公司重组和转型、公司证券发行、一般会计原则、财务报表和账户的制作、公司破产和清算、债务担保、债务追偿、货物运输、仲裁程序等诸多事项。这些立法既有实体规定,也有程序规定;既提供了法律的确定性,又有制度性的程序保障。

此外,非洲商法协调组织正在进行《劳动法统一法》《消费买卖统一法》统一化立法工作,并计划在今后对成员国的竞争法、知识产权法、银行法、合同法、证据法予以统一化。

(一)统一法的制定和通过

《非洲商法协调条约》第二章详细规定了统一法的制定和修改过程。在非洲商法协调组织内部,除了国家和政府首脑大会,部长理事会、司法与仲裁共同法院以及常设秘书处都会参与统一法的制定过程。统一法由常设秘书处在和各成员国政府商议后拟订草案。部长理事会在征求司法和仲裁法院的意见后对这些统一法草案进行审议并予以通过。

统一法的制作程序由常设秘书处发起,并将初步的草案发给各成员国政府征求意见,后者可以在其收到统一法初步草案90日内通过书面形式提出建议和意见。然而,在《非洲商法协调条约》中并没有规定各成员政府是如何审议常设秘书处发送来的统一法初步草案的。不过,我们可以看到2003年2月28日《非洲商法协调组织公报》第12期中公布了部长理事会关于建立非洲商法协调组织国内委员会的提议。该委员会专门负责研究在非洲商法协调组织框架下商法领域内的合作以及一体化问题;被赋予6个基本职能和4个特殊职能,其中就包括对统一法或其他法规的初步草案的研究、审议的职能;负责在听取各行各业代表的意见后,以各成员国政府的名义制定官方书面意见并在限期内提交给常设秘书处。①

2008年《非洲商法协调条约》修正版本对上述成员国针对常任秘书处拟订的统一法初步草案的审议期给予了延期,根据修订后第7条的规定,依据拟订的统一法草案的性质和具体情况,常设秘书处可以提议对各成员国在统一法草案的原有90日的审议期限基础上延长90日。上述期限届满时,附有各成员国的意见书和常设秘书处报告的统一法草案将立即由常设秘书处提交给司法与仲裁共同法院,后者应自收到咨询意见请求后的60日内给出法律咨询意见。

上述表述中,虽然没有明文规定常设秘书处有把各成员国政府的意见全部加到统一法草案的最终文本中的义务,但是在实践中,常设秘书处会通过与各成员国共同磋商、反复修改统一法初步草案的工作方式来使各国对草案的修改意见达成共识。② 原因很简单,统一法案最终文本的通过和生效须在

① 参见朱伟东:《非洲商法协调组织》,社会科学文献出版社2018年版,第44页。非洲商法协调组织国内委员会由19个不同的部门、领域的代表组成,其中包括司法部、商业部、财政部、劳动部、农业部、区域一体化部、商会、法律部和管理大学机构,律师、公证员、会计师、中央银行、银行和金融机构行业联盟、著作权服务机构、知识产权服务机构、农业和手工业服务机构等代表共同组成,同时,委员会主席有权以征求意见的名义任命其他任何有资格的个人为代表。委员会主席在司法部代表中选举产生,副主席在财政部代表中选举产生。委员会代表大会每年至少召开两次,并且在委员会主席认为有必要的情况下或者 半以上的成员在确定 个明确的大会议程后都可以发起代表大会。这个在各成员国内部设定国内委员会的做法被认为是一个具有积极意义且有益的创举。因为它的设立不但缓解了各成员国国内议会和非洲商法协调组织的部长理事会在立法权方面的冲突,同时也有助于统一法在各成员国国内的各行各业的传播。更多内容可参见《非洲商法协调组织公报》第12期,2003年12月28日。

② 常设秘书处在收到各成员国提交的关于统一法初步草案意见书后会召开一个所有国内委员会参加的全体会议,共同磋商修改方案,以便各国政府对草案的修改意见达成共识,随后,常设秘书处还会将修改后的草案发给各成员国并再次征求他们意见,这种反复商讨后修改的统一法草案拟定程序是常设秘书处在实际工作中所采用的工作方式。参见朱伟东:《非洲商法协调组织》,社会科学文献出版社2018年版,第45页。

出席部长理事会的成员国代表人数达到全体成员国至少 2/3 的基础上，并且参与投票的成员国代表一致同意的前提下才能实现。但是，没有参加部长理事会或者在投票中弃权并不会影响统一法草案的通过和生效。①

经过部长理事会通过的统一法的最终文本将在 60 日内由常设秘书处在商法协调组织官方公报上予以公布。除非统一法做了特殊生效方式或时间的规定，否则公布的统一法草案将自公布之日起 90 日后生效。②

（二）统一法的修改

在《非洲商法协调条约》中也同样规定了统一法的修订程序。常设秘书处或任一成员国申请修订统一法必须得到部长理事会的批准才能启动修订程序。在得到授权后，常设秘书处拟定统一法的修订草案，并发送给各成员国政府，后者可以在收到修订草案之日起 90 日内通过书面形式提出意见。期限届满后，常设秘书处必须立即把附有各成员国书面意见的修订草案提交司法与仲裁共同法院，后者自收到修订草案之日起有 60 日的期限对修订草案提出意见。上述期限届满后，常设秘书处将制订修改草案的最终文本，附加各成员国政府以及司法与仲裁共同法院的书面意见一并提交到部长理事会，并建议部长理事会将统一法草案的最终文本的审议和通过列入下次部长会议的议程。最终的草案文本通过的条件也是 2/3 的成员国出席会议，并得到各成员国出席的代表的一致同意。③

因此，我们可以看出，统一法修订和统一法草案的通过最根本的区别在于前者须有部长理事会的批准，常设秘书处才能启动统一法修订程序。而且根据修订后的《非洲商法协调条约》，各成员国也可以向部长理事会提交请求批准统一法修订的申请。

值得注意的是，尽管统一法是可以被修订的，但是很多学者认为到目前

---

① 《非洲商法协调条约》第 8 条。根据这条规定，每个与会的成员国都对统一法在部长理事会中的通过和生效享有一票否决权。但是在实践中，到目前为止，在已经通过的统一法的生效过程中，还没有成员国使用过一票否决权。

② 《非洲商法协调条约》第 9 条。被通过的统一法也将在各成员国国内官方报纸或其他途径予以公布，但是这个步骤对统一法的生效并不产生任何影响。

③ 《非洲商法协调条约》第 12 条。

为止,没有任何统一法被修订过。但是我们可以清楚地在非洲商法协调组织的官方网站上看到名称为《一般商法统一法修订版》、《商业公司和经济利益集团统一法修订版》和《担保机构统一法修订版》等的法律文本,因而这三部统一法通常被认为是1997年4月17日部长理事会首批通过的《一般商法统一法》、《商业公司和经济利益体统一法》和《担保机构统一法》三部法的修订版本。

但是,有的学者认为这是对一部新法的通过和一部旧法的修订在理论和判定中的混淆。以1997年《一般商法统一法》为例,如果立法者只是希望2010年版本的《一般商法统一法修订版》是对1997年《一般商法统一法》的简单修改,那么就应该像2008年《非洲商法协调条约》修订版一样,明确地在前言中写明本文本是在原1997年4月17日《一般商法统一法》的基础上进行的修正和补充。更重要的是,在《一般商法统一法修订版》第306条明确规定了该法废除1997年4月17日《一般商法统一法》,因此,1997年《一般商法统一法》是整部法律被完全废止了,而不是像2008年《非洲商法协调条约》修订版在第1条清楚地标明1993年的哪些具体条款被修改和补充。① 由此推断,立法者认为2011年通过的《一般商法统一法修订版》是一部新的法律,而非原《一般商法统一法》的一个修改或者承继文本。另外,上文提到的两部法律也是同样的情况。因此,我们有理由认为《一般商法统一法修订版》、《商业公司和经济利益集团统一法修订版》和《担保机构统一法修订版》三部统一法虽然在名称上带有"修订版"三个字,但并不是1997年4月17日《一般商法统一法》、《商业公司和经济利益集团统一法》和《担保机构统一法》三部统一法的修订版本,而是这三部统一法的全新版本。

第二节 统一法的适用

统一法的生效意味着非洲商法协调组织制定并在其部长理事会通过的

① Mavi Fortin Ismael Mayela Miyouna, *Le régime juridique des actes uniformes de l'OHADA*(Nov. 12,2019), https://hal. archives-ouvertes. fr/hal - 02358484.

共同体法律必须在所有成员国内得到统一适用。为了实现这个目的,生效的统一法就必须满足一定的程序上和实质上的要求。如何确保统一法在各成员国内得到实施,是对经济一体化法律有效性的最大挑战。

一、统一法的生效

1993 年通过的《非洲商法协调条约》第 9 条规定:“除了统一法规定了特殊的生效条件,统一法在通过之日起 90 日后生效。自统一法在非洲商法协调组织公布后的 30 日后在成员国生效。同样地,统一法还应在成员国政府的公报上或者其他合适的方式予以公布。”这些规定在使用中可能发生冲突。由此,我们可以得出,如果统一法在部长理事会通过之日起 60 日后在非洲商法协调组织上公布,然后 30 日后在成员国政府公报上公布,在这种情况下,以上规定不会产生冲突。否则,本条款的第 1 款和第 2 款,第 2 款和第 3 款都可能产生冲突。首先,根据本条款的第 1 款,除了统一法在其文本中规定了特殊的生效条件,统一法将在通过之日起 90 日后生效,但是第 2 款规定统一法自非洲商法协调组织在其政府公报上公布后 30 日后在各成员国直接适用。其次,本条款的第 2 款和第 3 款也有矛盾。

正如我们上述理解的,第 2 款明确规定统一法是自在非洲商法协调组织公告上公布后 30 日后在各成员国直接适用,然后根据第 3 款的规定,统一法在各成员国政府公报上公布也是统一法的生效条件。有关统一法生效时间的规定本身可能产生冲突,也为统一法在各成员国的适用增加了更大的阻碍和不确定性。

因此,2008 年《非洲商法协调条约》修订版中对于统一法的适用重新做了规定。修订后的第 9 条的第 1 款明确指出:“常设秘书处须在通过后的 60 日内在非洲商法协调组织政府公报上公布。除了统一法规定特别的生效条件,自公布之日起 90 日后,统一法生效。”同样地,在第 2 款中也规定了“统一法须在各成员国政府公报或者其他合适的方式予以公告,但是这个步骤不会对统一法的生效产生任何的影响”。由此,修订后的第 9 条明确了统一法生效的时间就是自其在非洲商法协调组织政府公报上公布之日起 90 日后,除非统一法规定了特殊的生效条件。

二、统一法的效力

生效后的统一法,有可能出现统一法的规定和成员国的国内法律不一致,甚至相抵触的情形,这也是统一法在各成员国国内实施遇到的最大挑战。因此,我们有必要研究一下共同法的效力问题,这在根本上就是法学理论上的国际法和国内法[①]的关系问题。

目前大多数国家对于国内法和国际法效力的确定方式,主要分为一元论和二元论两种体系。一元论认为国际法和国内法属于同一法律体系,可以进行效力等级比较,可以融为一体,共同用来确定一项行为是否合法。因此对于采用一元论体系的国家,国际法规范具有高于国内法规范的效力,国际法立即在其国内生效,国内法院也可以直接引用国际法作为判案的依据,与国际法相冲突的国内法也自动生效。[②] 二元论强调的是国内法和国际法在法律渊源、立法机关等诸多方面的区别决定了它们是属于不同法律体系的,因此无法进行效力等级的比较,国际法需要借以国内法来实施。主张二元论的国家坚持"主权绝对论",认为国际法不能直接在国内援引作为法律依据。但是如果签署了国际公约但在国内不实施该公约是有违国际法的,因此坚持二元论的国家会通过国内相应的正式程序来把国际法转换为国内法,与国际法相抵触的国内法仍然有效。

---

① 国际法指的是在两个以上国家发生法律效力的、规定主体权利义务关系的规范的总和。它的强制力不仅以各签约国自身的强制力为保证,通常还由多个国家集体的强制或专门国际组织、国际司法机关的强制为保障。国际法的法律渊源主要有国际公约、国际条约、国际惯例,国际司法机关有约束力的判决,为各国普遍认同的法律原则、准则,国际组织的决议等。国内法是一个主权国家内部法律体系的统称,通常由统一的立法机关(或立法机关体系)制定,以主权国家的强制力为保证。国内法的法律渊源通常有宪法、法律、地方法规、行政法规等。

② 需要注意的是在实践中,很多国家采用部分一元论、部分二元论的法律体系,比如有的国家在采用一元论体系对待国内法和签署的国际法抵触的情况时又采用新法优先原则,即如果新通过的国内法是在签订的国际条约后生效的,那么先签订的国际法自动无效,新通过的国内法有效。也有的国家区别对待国际公约和其他国际法的效力,如国际习惯法和强制性规范,这些国家只承认签订的国际公约具有高于国内法的效力。还有一些国家在宪法中明确规定了宪法和国会立法优先于国际法规则,因此与本国宪法或者国会立法相抵触的法律无效。

非洲商法协调组织内部,既有坚持一元论的成员国,也有坚持二元论的国家,为了保证统一法的权威和效力,非洲商法协调组织通过《非洲商法协调条约》第10条确定了统一法和各成员国国内法律关系。根据第10条的规定,"统一法在成员国国内直接适用,并且对每个成员国都有约束力,即便成员国在其生效前或者生效后有与其相冲突的规定"。[①] 由此,我们可以看出统一法在成员国国内具有直接适用性和强制性,因此也确定了统一法的超国家的特性。[②]

既然通过的统一法的效力等级高于各成员国的国内法律,那么是不是意味着它的效力同样是在宪法的效力等级之上呢?我们知道宪法定义国家政体及政府运作方式,以及法律制定的方式。宪法在一个国家之全部法律中具有最高权威和最大效力,是制定其他法律之依据,从理论上来讲,其效力高于本国其他法律和法规。因此,这些问题涉及的是各成员国的国家主权问题。[③] 在非洲商法协调组织的框架下,统一法的效力是高于各成员国本国宪法的效力的。由此证明,鉴于非洲商法协调组织对于法律一体化的承诺,其所制定的法律和规定应该符合各国宪法的规定。但是,如果相反的情况下,各国应该修宪以保证其宪法可以和非洲商法协调组织制定的统一法以及其衍生出来的法律并存。由此可以看出,商法协调组织的法律秩序相对于宪法秩序具有实质性的至高无上的地位,即任何成员国不得以国内法的法律和规范,甚至本国宪法作为其没有适用非洲商法协调条约和统一法的依据。[④] 由此,这也是各成员国为实现非洲商法协调组织成员国之间商法的统一而放弃一部分国家主权的体现。

除此之外,尽管非洲商法协调组织制定的法律和法规的效力高于各成员

---

① 这里与统一法冲突的规定包括与国际法相抵触的成员国国内制定的任何在形式、内容、条款或者精神上与统一法不一致的法律及具有法律性质的规定。

② 统一法的超国家的特性也在司法与仲裁共同法院针对科特迪瓦的请求中,针对《非洲商法协调条约》第10条进行的解释中得到确认。CCJA, *Demande d'Avis de la République de Côte d'Ivoire enregistrée au greffe sous le n°*002/2000/*EP du* 19 *octobre* 2000, avis n°1/2001/EP du 30 avril 2001, *Recueil de jurisprudence CCJA* (司法与仲裁共同法院判例集锦) n° spécial, jan. 2003, p. 74。

③ Jean-Jacques RAYNAL, *Intégration et souveraineté: le problème de la constitutionnalité du Traité OHADA*, *Penant*, n°832, jan. – fév. 2000, p. 5.

④ Paul-Gérard POUGOUE, *Doctrine OHADA et théorie juridiue*, *Revue de l'ERSUMA*, n° spécial, nov. – déc. 2011, p. 14 – 15.

国法律,但是,由于它的实施经常需要各成员国国内法律作为保障,因此有必要在两个法律秩序中建立一种互补的关系。这种关系体现为:首先,统一法适用的实质范围是商法,相对于国内法,它像是特别法,而后者是普通法。因此,非洲商法协调组织制定的法律的适用以尊重普通法中的自然人、财产、法律行为和事实、民事诉讼规定等为条件。其次,通常互补性是由非洲商法协调组织的法律秩序本身要求的。最后,有时非洲商法协调组织的法律秩序明确规定需要援引国内法律或规定。互补性问题突出了商法协调组织的法律秩序与国内法律秩序之间的持续对话。预先规定的唯一对话方法是必须符合《非洲商法协调条约》第 14 条第 2 款的规定。除此之外,统一法中的规定分为强制性规定和非强制性规定;前者要求统一法的相关规定必须在成员国得到强制性的、无例外的适用,后者则可以通过当事人的约定或者相关成员国的国内生效的法律或规定予以排除统一法的适用。①

三、统一法在喀麦隆的适用问题

喀麦隆的情况是非洲商法协调组织成员国中比较特殊的,因为在喀麦隆存在两种法律制度,即大陆法系与普通法系并存,其官方语言也为法语和英语两种语言。

《非洲商法协调条约》及其制定并通过的统一法的适用在喀麦隆的普通法省份引起很大的争议。这些普通法省份的人们认为,立法不经议会的参与而直接适用和实施的规定是违宪的。根据喀麦隆《宪法》第 2 条规定,“国家权力属于喀麦隆人民,人民通过共和国总统和议会或通过全民公决的方式行使权力,任何人民和团体或个人不得越权行使该权力”。第 14 条又规定,“立法权由议会行使,议会制定法律并监督政府的行为”。统一法的超国家主权的强制性在这些省份引起了很多关于其合法性的争议。

在喀麦隆《宪法》中找不到条约与宪法的优先适用问题的直接规定,在实践中也难以考察。要解决《非洲商法协调条约》及其统一法在喀麦隆直接适用的

---

① 参见朱伟东:《非洲商法协调组织》,社会科学文献出版社 2018 年版,第 49 ~ 50 页。

合法性问题,唯有从喀麦隆《宪法》本身、条约及国际法推理出发。首先是喀麦隆的国家《宪法》,其第 43 条规定,"共和国总统可以协商、批准条约与国际协定"。《非洲商法协调条约》是喀麦隆共和国总统于 1996 年通过第 177 号法令所批准的。而第 45 条又规定了"经合法批准或签署的条约或国际协定,自其公布后,只要缔约他方实施上述条约或协定,其优先于国内法而适用"。其次是条约与国际法推理,《非洲商法协调条约》第 52 条规定,该条约须由各成员国按各自的宪法程序批准。在国际法上,批准条约可以导致国际某些主权的让渡,由此可推理,代表着喀麦隆人民的政府对《非洲商法协调条约》的批准可视为喀麦隆某些主权让渡于非洲商法协调组织,并且这种主权的让渡相应已得到了其议会的同意。因此,《非洲商法协调条约》在喀麦隆的直接适用是合法的。

第三节 已经生效的统一法

到目前为止,已经经过部长理事会通过并生效的统一法共有 10 部。他们分别是:在 1997 年 4 月 17 日通过并在 1998 年 1 月 1 日生效的《一般商法统一法》(Acte uniforme portant sur le Droit Commercial Général)、《商业公司和经济利益集团统一法》(以下简称《公司统一法》)(Acte uniforme relatif au Droit des Sociétés Commerciales et du Groupement d'Intérêt Économique)以及《担保统一法》(Acte uniforme révisé portant organisation des sûretés)三部统一法。随后,《一般商法统一法修订版》(Acte uniforme révisé portant sur le Droit Commercial Général)和《担保统一法修订版》(Acte uniforme révisé portant organisation des sûretés)于 2010 年 12 月 15 日在多哥的首都洛美通过,并于次年 5 月 16 日生效,这一天也代表着 1997 年《公司统一法》和《担保统一法》被正式废除。2014 年 1 月 30 日在布基纳法索的瓦加杜古举行的部长理事会上通过了取代 1997 年的《公司统一法》的《公司统一法修订版》(Acte uniforme relatif au Droit des Sociétés Commerciales et du Groupement d'Intérêt Economique),并于同年 5 月 5 日生效。

1998 年 4 月 10 日,部长理事会在加蓬首都利伯维尔通过了《债务追偿简易程序和执行措施统一法》(Acte uniforme portant organisation des procédures simplifiées de recouvrement et des voies d'exécution),于次年7月10日生效。在制订该法时,立法者侧重于债务追偿和执行的民事程序,并由司法与仲裁共同法院的法律解释与判决来支持其执行,旨在通过这部新的统一法的生效,使投资者和贷款方在一定程度上相信在非洲商法协调组织的法律框架下,他们合法债务的追回是有法律程序提供保障的。该法的重要价值在于给非洲商法协调组织成员国乃至整个西非国家带来了民商事方面程序法的改革。[①]

《债务清偿集体程序统一法》,即《破产统一法》(Acte uniforme portant organisation des procédures collectives d'apurement du passif)是1998年4月1日在加蓬的利伯维尔通过并于1999年1月1日生效的。随后,2015年9月10日在科特迪瓦的大巴桑通过并已于2015年12月25日生效的新的《债务清偿集体程序统一法》取代了1998年的旧法。该法规定了三种不同类型的破产程序:预防性解决程序、司法重整程序及司法清算程序。值得一提的是,受到欧盟的《破产的某些国际事项公约》及联合国国际贸易法委员会的《跨国破产示范法》的启发,该法还对在几个成员国内同时进行的跨国破产程序做了具体规定,并明确规定了跨国破产程序的承认,该规定对有关国家在跨国破产事项方面进行协调和合作提供了法律依据和制度保障。

紧接着,1999年3月11日通过了《仲裁统一法》(Acte uniforme relatif au Droit de l'Arbitrage),并于同年6月11日生效。2017年11月23日在几内亚首都科纳克里通过的《仲裁统一法》修订版于2018年2月23日生效。新法对旧法中一些模糊的、过时的内容进行了更新和补充,尤其是把投资仲裁也加入了2018年的《仲裁统一法》的调整范围,为在非洲商法协调组织成员国内发生的投资争议的解决提供了统一的立法保障。

2000年后,共有四部新统一法生效。

---

① 因为在该法生效前,绝大多数非洲商法协调组织成员国的商事债务追偿程序和执行措施立法都很陈旧和落后,除了马里于1994年制定了符合当代经济发展和社会状况的新的债务追偿和执行的相关现代法律制度,其他成员国最新的相关立法至少也要追溯到1970年,某些成员国甚至要追溯到殖民时期。因此,各成员国原来古老、落后的相关立法并不能在当代法律制度中切实地维护贷款方或者投资者的权益。

2000 年 3 月 24 日在雅温得通过的《会计法统一法》,于 2001 年 1 月 1 日生效。2017 年 1 月 26 日的部长理事会通过新的《会计法统一法》(Acte uniforme relatif au Droit Comptable et à l'information financière)于次年 1 月 1 日生效。该法为位于非洲商法协调组织成员国内的公司确立了统一化的会计制度,对会计准则、会计预算、记账规则、年度账目报告、净利润以及刑事制裁等事项做了全面、详细的规定。

2003 年 3 月 22 日通过并于 2014 年 1 月 1 日生效的《公路货物运输合同统一法》(Acte uniforme relatif aux contrats de transport de marchandises par route)参照了 1956 年 5 月 19 日签订的《国际公路货物运输合同日内瓦公约》,规定了《公路货物运输合同统一法》的调整对象、适用范围、适用原则以及相关法律冲突的解决方式,对该地区物流的发展起到了积极的促进作用。

2010 年 12 月 5 日在多哥首都洛美通过的《合作社统一法》(Acte uniforme relatif au Droit des Sociétés Coopératives),于 2011 年 6 月 15 日生效。该法把合作社分为两大类:简易合作社和设有董事长的合作社,并详细、系统地规定了合作社从成立到解散的具体条件以及有关合作社的形式规定。

最后,2017 年 11 月 23 日通过并在 2018 年 2 月 23 日生效的《调解统一法》(Acte uniforme relatif à la médiation)在非洲确定了现代替代性争端解决机制的地位,非洲传统的争议解决方法与现代国际实践相结合,既解决了当事人之间的争议,又不伤当事人之间的和气,受到当事人的欢迎。

非洲商法协调组织成员国通过以上生效的 10 部统一法来为投资者提供法律和司法上的保障。从规范的角度来看,统一法立法者为公司提供了从成立到破产的一系列的现代化的规则。在生效的统一法案中,有两部法律尤其重要。首先,《一般商法统一法》,它对所有成员国内的商人适用。其次,《商业公司和经济利益集团统一法》规定了经济活动的框架,它对从合伙企业到股份制公司等各类型公司做了详细的规定,其中包括商业公司的定义、公司的类型、财务处理以及公司的责任。

一、《一般商法统一法》

1997 年 4 月 17 日部长理事会通过了《一般商法统一法》,该法于 1998 年

1月1日生效。随后，为了更好地调整和解决新时代下经济和社会发展带来的新的商事关系和商事纠纷，同时也为了弥补1997年制定的《一般商法统一法》的不足，2010年12月15日在多哥首都洛美举行的部长会议通过了一部新的《一般商法统一法》，即《一般商法统一法修订版》，并于2011年5月16日生效。

（一）1997年的《一般商法统一法》

1997年的《一般商法统一法》共包括289条规定，调整的事项包含商人身份（第2～18条）、商事和动产信用登记（第19～67条）、商业租赁与商业资产（第68～136条）、商业中介（第137～201条）、商业买卖（第202～288条）和最终条款（第289条）六编，体现了立法者为成员国制定现代、简洁、灵活及在实践中更容易被理解和援引的立法意图。

《一般商法统一法》的第1条就规定了本法从生效之日起就对所有成员国内的商人①，无论自然人或法人直接适用。同时，从此法生效之日起，所有与之相抵触的国内法失效，无冲突的法律规定继续有效。由此成员国之间的商法达到了统一与协调的目的。在与《一般商法统一法》规定无冲突的前提下②，受此法管辖的商人（自然人或法人）也受到之后生效的各国国内商法

① 正如我们前文介绍的，非洲商法协调组织的成员国绝大多数曾是法国的前殖民地，因此这些国家的国内法或多或少都受到了法国法的影响。而由于这个历史和现状，《一般商法统一法》也同样在立法精神和法律条文中都或多或少地借鉴了法国商法典。比如《一般商法统一法》第2条对商人的定义就清楚地体现了其与法国商法的一个继承的关系：商人是指从事商业活动并将商业活动作为其通常职业的人。而最大的区别在于法国商法典在定义商人这个概念前先定义了商事行为的含义，其余部分区别不大。商人拥有商人身份，其应当具有从事下列商行为的资格：（1）为再销售而进行的动产或不动产商品的买卖；（2）参与银行业、资本市场、证券、保险或转口贸易等领域的行为；（3）出于商业需要而订立合同；（4）矿产和其他自然资源的工业开采；（5）动产的租赁；（6）涉及生产、运输及电子通讯的行为；（7）从事行纪、居间、代理等商业中介行为及其他在商业公司从事不动产和经营资产买卖销售、租赁的行为；（8）商业公司为运营而从事的行为；（9）签发汇票与本票。总的来说，商人既包括自然人，也包括自然人以外的实体。自然人与实体如果想拥有商人身份，必须具有上述行为的法律能力。《一般商法统一法》在这方面的规定与成员国原国内法律的规定相符。除此之外，《一般商法统一法》对商人的身份也作了否定性规定：由于行为能力的限制不能参与商事交易的，不能拥有商人身份。《一般商法统一法》第7条规定了禁止未成年人成为商人和从事商业活动，至于未成年人的年龄界限，该法未作相关规定，其仍需要依据成员国的国内立法来划分。

② 关于相抵触法律的概念，参见部长理事会的2001年4月30日第001/2001/EP号通知。

管辖。

(二)2010 年的《一般商法统一法修订版》

该法是为从事商业贸易人士提供一个更完善和现代化、稳定性和预见性更高的商法法律框架,在 1997 年的《一般商法统一法》的基础上进行的必要的删减、修改和补充。2010 年的《一般商法统一法修订版》共包括 9 章 307 款,分别是商人和个体经营者的身份(第 2 ~ 33 条)、商事和动产信用登记(第 34 ~ 72 条)、国家档案(第 73 ~ 75 条)、地区档案(第 76 ~ 78 条)、商事和动产信用的国内和区域登记的网络化(第 78 ~ 100 条)、专业用途租赁与商业资产(第 101 ~ 168 条)、商业中介(第 169 ~ 233 条)、商事买卖(第 234 ~ 302 条)及过渡性和最终条款(第 303 ~ 307 条)。

1997 年制定的《一般商法统一法》在适用过程中确实暴露一些问题和不足,比如某些概念的定义比较模糊。另一个重要的修改是为了使其结构更紧密,内容上更协调一致。例如,新的文本使用专业用途租赁与商业资产取代租赁与商业资产,因为在 1997 年版本中的标题与法条的实际内容不一致,这一条款只适用于专业人员,而从事自由职业的人士是不具有商人资格的。

新的统一法的制定过程中还侧重于对实质性问题的完善,目的是制定出更现代,更具有可适用性的统一法。

同样地,新法建议把商事和不动产信用登记通过地区档案和国家档案网络互联的方式来对数据进行集中化管理。通过电子的方式,我们可以做到更好地组织收集和发布经济方面的信息,包括登记的抵押的状况等,以保障在经贸活动发展的过程中的透明度和必要的公正。

同时,为了使新的商法更适应非洲经济的发展现状,在新法中增加了一类新的经济经营者:承包商。事实上,有数据表明,在非洲有近 85% 的经济活动的参与者都是非正规经济经营者,而不是以自然人商人的身份或选择任何一种法律规定的公司形式来进行商业活动的。为了使这些有时候经营额是非常可观的经营者脱离这种不正规的经济模式而加入法律规定的正规的经济模式中,新统一法制定了有关建立私人企业的简化程序,并降低了相应的费用标准。

另外,该法一个重要的创新是设立了商事和财产信用登记的集中管理体制。它的主要作用是对无论作为自然人还是法人的商人进行登记,并对财产担保进行登记,以确保在成员国进行的交易能够安全进行,同时,通过这种登记体制可以使债权人和潜在的合同当事人了解对方当事人的法律地位和负债情况。鉴于非洲国家的实际情况,这样一种商事和财产信用登记体制对于在这些成员国内开展投资和贸易将显得十分重要。

二、《公司统一法》

公司相关法律是非洲商法协调组织制订统一法的首要主题,相应的规定都在《公司统一法》中得以诠释。该法共分 4 个主要部分,920 条规定,是“非洲商法协调组织所进行的改革中最宏大的部分”①。

(一)1997 年的《公司统一法》

该法在成员国原公司法的基础上进行了重整,取代了原成员国多样化的,但很多仍停留在宗主国时期承继的过时的公司法律制度。同时,所有规定都是强制性的,当事人不得排除适用,所有在某一成员国领域内设有注册办公室的商业公司,都要遵守该法的规定。

一般的商业公司,是指两人或两人以上通过合同成立并约定以现金或实物出资,共同分摊利润和损失的实体。《公司统一法》承认一人公司,其在第 5 条规定,某些类型的公司(例如私人有限责任公司、资合公司)可以由单一的个人或实体设立。公司设立的相关规定含股东、公司章程、注册地、公司的存续期、出资方式、股票类型、注册资本及注册程序等事项。

《公司统一法》规定了两种类型的公司,即有限责任公司和无限责任公司。有限责任公司包括股份有限公司和有限责任公司。前者是一种资合公司,其股东对外承担责任以认购的股份为限。股份有限公司可以拥有众多股东,也可以只拥有单一股东。根据第 387 条的规定,股份有限公司的最低注册资本为 1000 万西非法郎,如果是公开募集资本,第 824 条规定其最低注册资本为 1 亿西非法

---

① 鲍里斯・马尔托尔、纳内特・皮尔金等:《非洲商法:OHADA 与统一化进程》,朱伟东译,英国全球市场简报出版公司 2008 年版,第 54 页。

郎。这类公司主要适用于大型投资项目。后者是狭义的有限责任公司,它可以由一个或数个自然人发起成立,即它的股东可以是一个或数个,并且没有最大数量限制。有限责任公司的股东以其出资额对公司债务承担责任,按照第311条规定,它的最低注册资本为100万西非法郎,并且要求由不少于5000西非法郎的同等面值的股份组成。第二种类型是无限责任公司,这在实践中较为少见,其系由所有股东或仅由一部分股东承担无限责任的公司。

《公司统一法》中定义的公司的第二种类型是具有无限责任的公司,主要包括合股公司、简单两合公司、隐名合伙公司、事实公司这几种形式。投资者可根据实际情况选择合适的公司类型。首先,合股公司是一种私人合伙,股东对公司债务承担无限责任。简单两合公司是一种隐名合伙,由对公司债务承担无限连带责任公司的股东和对公司债务的承担仅以出资为限的股东组成,前者称"积极股东",负责执行公司业务;后者称"消极股东",不负责执行公司业务。隐名合伙公司是一种合作企业,不具有法人资格,它并不算得上严格意义上的公司,每一合作方对以自己的名义对隐名合伙公司负责,但如果隐名合伙企业对第三人存在债务关系,那么合作方之间为企业承担无限连带责任。事实公司是指不符合《公司统一法》规定的必要要件而设立或虽设立合法却未登记或其公司类型不在统一法认可的范围内的公司。事实公司只有经法院确认,才得以适用《公司统一法》有关公司的相关规定,承担无限责任的公司包括合股公司、简单两合公司等。此外,该法还借鉴法国公司法的做法,增设了一个新的法律实体即经济利益集团。事实证明,这一规定在非洲协调组织成员国内是一个巨大成功,它能够使该地区成员国的公司更好地进行合作,共享设施或技术,以应对非洲市场上的国际竞争。该法对公司的成立、重组和转型、证券的发行、公司的刑事责任等做了非常详细的规定。

(二)2014年的《公司统一法修订版》

2014年1月30日,非洲商法统一组织部长理事会通过了《公司统一法修订版》,取代了1997年4月17日颁布的《公司统一法》。2014年5月5日起,《公司统一法修订版》适用于在非洲商法统一组织成员国内设立的所有公司。在《公司统一法修订版》生效之日前设立的公司应在未来的两年内更新其公司章程，以确保符合《公司统一法修订版》的规定。不符合《公司统一法修订版》的公司在更新其章程之前，仍应适用原《公司统一法》。

《公司统一法修订版》与1997年的《公司统一法》的区别主要体现在三个方面：引入了新的公司形式，即简化股份有限公司；允许发行优先股、允许向员工无偿分配股份，简化股份有限公司获准发行混合型证券这种新的证券类型；进一步明晰现有条款，并做出一系列相应修改。该法严格适用于在非洲商法统一组织成员国内设立的公司，但同时也根据实务提供了一定程度的灵活性。例如，1997年《公司统一法》第2条规定，公司统一法的规定为公共政策，因此具有强制性；2014年《公司统一法修订版》中则加入了“除非法律明文规定相应条款由其他条款替代或增加其他内容，公司的章程不得偏离公司统一法的规定”的这一例外规定。

《公司统一法修订版》强制适用的主要功能为防止成员国国内法（主要包括国内民商法）对统一公司法适用的统一性产生影响，以确保统一公司法适用的确定性和其司法解释的统一标准，而且统一公司法加强了法院及成员国法律在公司运营方面起到的作用。

除此之外，《公司统一法修订版》还增加了允许设立简化股份有限公司的规定，即简化股份有限公司。在原《公司统一法》第二章第四节有关股份有限公司的规定之后，新增加了一节，专门对简化股份有限公司做出了规定。事实上，《公司统一法修订版》规定的简化股份有限公司与法国法中的简化股份有限公司有诸多相似之处。法国法于1994年引入这一概念，并于1999年进行修改。《公司统一法修订版》受到了法国相关法律条文的启示，该法中规定的简化股份有限公司大致承继了法国法中的该类公司的主要特征，即简单、灵活，简化公司治理规则并强调股东的人合关系。除极少数规定（例如设立、解散和资本变更等）外，简化股份有限公司在诸多方面均区别于股份有限公司。例如，简化股份有限公司的股本金额和其构成、公司治理规则和结构以及法定代表权等。

另外，《公司统一法修订版》在大量汲取法国法经验的基础上，还增加了新型股份和证券的规定。通过引入更具有灵活性和创新性的法律工具，该法能够充分满足日益增长的投资需求，这对非洲大陆的持续发展至关重要。同时,新法也变更了包括有关设置优先股、混合型证券、无偿向员工分配股份等方面的规定。

三、《担保统一法》

该法是在1997年4月17日的部长理事会首批通过的三部统一法之一,并于1998年1月1日生效。随后,为了更好地适应社会发展,通过建立一套更现代、可操作性更强的担保制度来确保债务人履行义务,保护债权人的合法利益,促进商业发展,2010年12月15日在多哥首都洛美通过《担保统一法修订版》,并于2011年5月16日生效,新法生效的同时旧法被废除。《担保统一法修订版》对担保权益做了更广泛的界定,超越了纯商法的界限,它的保护对象不但包括商事债权人,也包括了投资者和银行等资金提供者。这是因为在担保制度下实施的非洲商事项目,涉及领域普遍很广泛,银行等机构通常会被牵涉进去。

担保通常指的是在借贷、买卖、货物运输、加工承揽等经济活动中,债权人为保障其债权实现,要求债务人向债权人提供担保的合同。《担保统一法修订版》规定的担保方式有物的担保和人的担保。其中物的担保又包括动产担保与不动产担保。

根据该法第50条的规定,动产担保的方式有留置、质押、债务人不丧失占有的抵押及优先取得。留置,指一方(债权人)按照合同约定占有另一方(债务人)的动产,如果债务人不按合同约定的期限履行债务,债权人有权依照担保法留置该动产,以留置财产折价或者以变卖、拍卖该财产的价款优先得到偿还的一种担保制度。留置只有在债务人财产被扣押时才能发生,且债权人的留置请求权必须是明确的、已经到期的和应支付的债务。还有一点需要注意的是,留置权的行使对留置财产是有严格要求的,即债权人占有的财产与债务的产生必须存在一定的联系。

质押的设立可以根据既有的债务,也可以是根据将来的或可能的债务,只要这些债权不是可撤销的。质押即债务人为了保证自己债务的履行,根据合同将动产交付给债权人或共同约定的第三人的担保。由于设立质押就必须向质权人转移出质物的占有权,因此债权人或共同约定的第三人有权占有被出质的财产，直至债务人全部偿清其债务（包括利息及其他相关费用）。

按照标的物不同，抵押一般分为动产抵押和不动产抵押。动产抵押又可分为无形动产抵押和有形动产抵押两种。根据《担保统一法修订版》第125条规定，无形动产抵押指的是债务人通过抵押一种或一组现时的或将来的无形动产来保证债权人一个或几个债权的实现，只要债务是确定的或者可确定的。无形动产抵押的实现可根据合同或法院判决来实现。第126条明确规定了可以设立无形动产抵押的财产，包括债权、银行账户、关联权利、证券和金融证券账户、营业资产和知识产权。不动产质押，主要指的是已经建设的土地、尚未建设的土地及土地上后来添加的建筑物，可用于抵押；唯有不动产的权利是既有的、确定的，才能设定不动产抵押。不动产抵押权利义务设定的依据可以是合同约定、法律明文规定，也可以是法院判决，因此不动产抵押有约定抵押、法定抵押和法院判决抵押三类。

人的担保，是指第三人对债权人约定做出带有人身性担保的承诺，担保在债务人不履行债务时履行债务或者承担责任，这里的第三人即担保人，担保人和债务人一起承担连带责任。①

以上各种不同类型的担保的运用和实施，对于非洲商法协调组织成员国内的投资项目和规模化的资金运作起到了重要的作用。

四、《仲裁统一法》

1999年3月11日的部长理事会通过的《仲裁统一法》是以联合国国际贸易法委员会的《国际商事仲裁示范法》为蓝本制定的。该法适用于仲裁地位于非洲商法协调组织任一成员国境内的所有仲裁。在非洲商法协调组织的框架下，根据《仲裁统一法》建立的临时仲裁机制强调的是当事人的意思自治原则，如当事人可以通过协商约定所适用的仲裁规则。2017年11月23日《仲裁统一法》的修订版在几内亚首都科纳克里通过，并于2018年2月23日生效。修订后《仲裁统一法》明确规定了该法也适用于根据投资法、双边投资

---

① 《担保统一法修订版》第12～13条。

保护条约或多边投资保护条约提起的仲裁，因此对于希望通过仲裁方式解决在非洲商法协调组织成员国境内发生纠纷的中国商人来说，了解该法至关重要。该法的相关规定将在本书第四章详细介绍。

五、《调解统一法》

调解作为一种古老的解决争议的方式，在西方殖民者统治非洲大陆前曾被广泛的使用。第二次世界大战后，世界殖民体系开始分崩瓦解，非洲各国也纷纷独立，但是却大量地保留了其原宗主国的法律制度和法律体系。由于当时西方的争议解决方式更倾向于诉讼而不是调解的方式，因此，受殖民主义的影响，法院判决成为非洲司法体系中解决争议的主要方式。而传统非洲社会曾经盛行的非诉争端解决机制被认为是落后的表现，一度遭到了冷落。

但是，由于诉讼的时间长、成本高昂及执行难等问题，以友好协商为基础的调解制度在全世界范围内重新得到了重视。2017 年 11 月 23 日通过的《调解统一法》正是顺应了这个潮流。这部以联合国国际贸易法委员会 2002 年的《调解示范法》为蓝本，同时结合了本地区的法律传统和实际情况的统一法，为非洲商法协调组织框架下通过调解方式解决争议的各方提供了统一、明确的法律依据。①

《调解统一法》第 1 条首先对"调解"这个术语做了解释，根据该条规定，本法中使用的"调解"指的是当事人要求通过第三方的帮助来友好解决他们之间因为基于法律、合同或者其他类似关系而产生的争议、冲突、分歧的任何过程，无论其名称如何。而本法中调解程序的当事人可以是自然人、法人，同时也包括公共机构或国家。

调解程序的启动主要有两种方式：一种是一方当事人申请适用当事人之间的书面或者其他形式的调解协议；另一种是在没有调解协议的情况下，一方当事人可以邀请另一方当事人以调解的方式解决争议。②

---

① 参见朱伟东：《非洲商法协调组织》，社会科学文献出版社 2018 年版，第 99 ~ 100 页。

② 根据《调解统一法》第 4 条的规定，如果对方当事人没有在收到其书面邀请函之日起的 15 日内或者邀请函中明确的期限到期后没有回复，将视为对方当事人拒绝该调解邀请。

双方当事人可以自由约定调解程序进行的方式，如果没有此类约定，调解员可以根据当事人的期望，案件的具体情况以及公平、效率等因素的综合考虑而选择其他任一最适合的方式进行调解。[①]

在调解员的主持下，双方当事人达成的书面和解协议是具有约束力和强制执行力的。当事人一方可以将和解协议提交成员国内有管辖权的法院申请对该协议予以承认和执行。除了违反国际公共政策的原因外，法院只能对和解协议的真实性进行审核，无权修改和解协议的内容。如果法院没有在收到当事人的执行申请之日起的15日内做出裁定，该协议就自动得到承认。申请执行的一方当事人就可以请求法院的书记官或者其他相关部门签发执行令，强制执行和解协议。被执行的一方当事人可以在收到附有执行令的通知的15日内向司法与仲裁共同法院就该执行令提出异议。司法与仲裁共同法院必须在6个月内就该异议请求做出处理。[②]

① 《调解统一法》第7条。
② 《调解统一法》第16条。

第四章　非洲商法协调组织争议解决机制

近年来,中国和非洲贸易往来越来越频繁,但是由于非洲复杂的法律制度,对非洲各国环境和法律政策都不熟悉的中国企业难免会有"水土不服"的情况,随之而来的纠纷也成了中国企业海外投资不可避免的问题。因此,对于中非之间投资贸易争端解决途径和方式的了解对于赴非投资企业来说是必不可少的。

目前,非洲国家大都已按照国际上的先进立法制定了本国的仲裁法,设立了设备完善的仲裁机构,非洲仲裁中心的数量也在不断增长;并且,非洲地区的许多仲裁机构的仲裁规则,都允许当事人选择使用其他国际商事仲裁机构的仲裁规则。非洲商法协调组织作为非洲最具有代表性、影响最大的非洲区域性组织之一,它的目标不仅是统一西非各成员国内的商法制度,还包括整个非洲商法制度的统一。也正因如此,研究非洲商法协调组织的争议解决机制可以为西非,乃至整个非洲投资的中国企业提供法律支持与参考,以降低商业风险与成本。

一般而言,中非之间投资贸易争议解决机制主要分为诉讼与非诉两种方式。前者主要指的是争议双方或者一方将争议提交到法院予以解决。如果中国企业决定通过诉讼的方式解决争议,首先要考虑的就是管辖和适用法律问题。对于绝大多数的工程、房地产、海运港口等纠纷,只能由所在地进行专属管辖,即争议必须提交当地法院并根据东道国法律进行审理和判决。正如我们前面提到的,非洲各国之间法律体系差异较大,各国国内法律法规数量庞大而复杂,加之很多当地司法系统可能会受到来自东道国政府干预,同时亦受到其司法与国家系统中的腐败等因素的影响,因此,外国投资者经常会对非洲国家国内法院的判决结果的公正、公平和合法性持不信任的态度,从而更喜欢选择非诉的方式来解决争议。

为了尽可能最大限度地解决上述问题,降低因为法律制度多样性或者政治等原因带来的非洲国家国内法院不公平判决的发生率，非洲国家之间成立了非洲区域性争议解决机制，它的存在被看作是非洲争端解决制度中富有非洲特色的制度，而非洲商法协调组织是非洲区域性争端解决机制中最具有代表性和典型意义的区域性机构。

如前所述，非洲商法协调组织下设的司法与仲裁共同法院既可以作为该组织成员国国内法院的最高法院审理涉及统一法的诉讼案件，同时也可以作为仲裁的管理机构监督并指导根据条约规定在该法院内进行的仲裁。

第一节　非洲商法协调组织的诉讼解决争议方式

司法与仲裁共同法院对非洲商法协调组织制订的统一法所调整的所有事项具有管辖权，它的裁决具有超国家性与高效性两大特征。司法与仲裁共同法院是涉及统一法适用案件的最高法院，它的判决是终审判决并具有强制执行力，在其成员国内可以得到立即执行。

一、司法与仲裁共同法院受理案件类型

争议当事人向司法与仲裁共同法院提起诉讼的方式主要有以下三种：

第一，在收到成员国国内最高法院做出的涉及统一法适用的判决之日起，当事人可以在 2 个月的期限内就该判决直接向司法与仲裁共同法院提起上诉。如果司法与仲裁共同法院撤销了该国内最高法院的判决，它就会对案件重新审理并做出最终判决。①

第二，如果一方当事人认为成员国国内法院对其受理的来自下级法院的上诉案件没有管辖权，他可以在有争议的判决通知书做出后的 2 个月内向司法与仲裁共同法院提起上诉。司法与仲裁共同法院须就自己对此案是否有管辖权做出裁定，并通知当事人各方和相关的成员国国内法院。如果司法与仲裁共同法院裁定国内法院做出的对该案件有管辖权的裁决是错误的，那么

① 《司法与仲裁共同法院诉讼程序规则》第 28 条。

该国内法院的裁决将完全无效。[①]

第三，如果由于案件涉及统一法的适用，成员国国内最高法院认为自己没有管辖权，那么，成员国国内最高法院的诉讼程序自动终止。如果司法与仲裁共同法院查明自己无权审理该案，它就会将该案退给国内法院，由该法院对案件进行审理。

《非洲商法协调条约》第56条规定，如果成员国之间因为《非洲商法协调条约》的解释或者适用产生争议，并且不能通过友好协商方式解决，也可以由一方当事人提请司法与仲裁共同法院由诉讼方式做出判决。

二、审理方式

司法与仲裁共同法院审理诉讼的程序基本上是书面进行的。但是，司法与仲裁共同法院可以应一方当事人的请求，在某些情况下以口头的形式进行审理。[②] 口头程序的庭审是公开进行的，除非司法与仲裁共同法院另有决定。[③] 庭审由司法与仲裁共同法院院长来主持，并由其确定诉讼各方发言的顺序。[④] 在庭审过程中，司法与仲裁共同法院院长有权向任一方诉讼当事人提问。同样，每位出席的法官在院长的许可下，也可以向当事人提问。[⑤]

三、诉讼程序

在司法与仲裁共同法院进行的诉讼程序中，当事人必须聘请律师进行代理，聘用的律师可以是非洲商法协调组织任一成员国的律师。[⑥] 为了启动司

---

① 《非洲商法协调条约》第18条。

② 《司法与仲裁共同法院诉讼程序规则》第35条。

③ 《司法与仲裁共同法院诉讼程序规则》第34条。

④ 《司法与仲裁共同法院诉讼程序规则》第36条。

⑤ 《司法与仲裁共同法院诉讼程序规则》第37条。根据《司法与仲裁共同法院诉讼程序规则》第38条的规定，首席书记官针对每一次庭审制作笔录。经由法院院长和首席书记官签字的庭审笔录具有公证文件（acte authentique）的效力。成员国可以在书记处查看全部庭审笔录，并且可以自费获取笔录的副本。

⑥ 《司法与仲裁共同法院诉讼程序规则》第23条。作为上诉当事人的代理律师身份参加司法与仲裁共同法院组织的诉讼活动时，需向司法与仲裁共同法院提交其在某一成员国内具有律师身份的证明以及他代理的当事人的特别授权书。

法与仲裁共同法院的诉讼程序，当事人应首先向司法与仲裁共同法院书记处提交由其代理律师签署的所有的诉讼程序文件原件和该文书中要求的各类附件，材料交存日期是确定有关的诉讼程序时效的根据。司法与仲裁法院一旦收到案件一方当事人的上诉请求，司法与仲裁共同法院院长就会指定一名汇报法官，由其负责协助案件的调查和审理工作，并随时向法院汇报进展。①

根据《司法与仲裁共同法院诉讼程序条例》第 28 条的规定，针对成员国国内法院判决提起的上诉必须至少基于以下理由之一：违反法律；对案件没有管辖权或者超越权限；没有说明判决的理由、理由不充分或者互相矛盾；没有对当事人提出的请求做出处理或者拒绝处理；歪曲案件事实或者程序中的证据；缺乏法律依据；法定理由消失；没有对请求的事项做出裁定或对请求以外的事项做出裁定等。

如果当事人的上诉请求满足以上条件，并已经提交或在指定期限内补全了完整的上诉资料，那么司法与仲裁法院就会将上诉的情况通知给原审案件诉讼过程中的所有当事人，任一方当事人可在接到通知之日起的 3 个月内提交答辩状和证据。② 如果有必要，司法与仲裁法院可以依职权或应一方当事人申请，要求当事人在指定的期限内提交有关案件的陈述资料和第二次答辩状或其他资料。

任一方当事人可在首次提交答辩状的期限内对司法与仲裁法院的上诉管辖权提出异议，如果司法与仲裁法院明显对上诉没有管辖权或者上诉不能被接受或者没有任何根据，它可以随时裁定宣布自己没有管辖权，或宣布上诉不能受理或驳回上诉，并说明理由。③

四、判决效力

司法与仲裁共同法院做出的判决具有既决案件的权威和强制执行的效

---

① 《司法与仲裁共同法院诉讼程序规则》第 26 条。除了指定汇报法官外，共同法院院长还可根据案件的数量及可供使用的经费等因素，指定一定数量的书记员协助汇报法官履行其职责。

② 《司法与仲裁共同法院诉讼程序规则》第 29 ~ 30 条。该答辩状中应注明：提交人姓名和地址；该答辩人收到上诉通知的日期；答辩的内容以及支持的证据。

③ 《司法与仲裁共同法院诉讼程序规则》第 32 条。司法与仲裁共同法院可单独就当事人就其对该上诉案件的管辖权提出的异议做出裁定或与该案的实体问题一起做出裁决。

力,即该判决是最终判决,不得对其提出上诉,从宣判之日起,对各成员国当事人具有强制执行效力和约束力。而且在同等条件下,相对于成员国国内法院的判决,司法与仲裁共同法院的判决在各个成员国境内将得到优先执行;与司法与仲裁共同法院的判决相冲突的判决不得在任何成员国境内得以合法执行。① 但是,司法与仲裁共同法院判决的强制执行力受判决执行国的现行民事诉讼法的约束。成员国应确保判决能在各自的领域内得到执行,与判决相关的每个成员国政府为了判决的执行应专门指定一个国家机构,对提交的判决书的真实性进行确认后(不能对判决书的内容进行实质的审查),发出执行令并通知法院。应利害关系人申请办理完上述手续后,须根据国家立法,由有权机关通过直接扣押来实现强制执行。②

根据《非洲商法协调条约》第 16 条的规定,除了已经进入执行程序的案件,当司法与仲裁共同法院对诉讼当事人一方提请或者由国内法院移交的诉讼案件接受审理的同时,成员国国内法院的上诉程序自动中止。只有当司法与仲裁法院做出自己对申请审理的案件无管辖权的判决的时候,成员国的国内法院被中止的诉讼程序才可恢复。③

第二节　非洲商法协调组织非诉讼争议解决方式

非诉讼争议解决方式是对诉讼审判制度以外的其他各种争议解决方式、程序或制度的统称,目前世界各国一般采用英文 Alternative Dispute Resolution (ADR)来表述,英文直译为选择性纠纷解决机制,更经常被中国学者称为替代性纠纷解决机制。

事实上,在解决国际商事纠纷过程中,由于各方之间的法律体系、文化、政策以及经济发展水平等的差异,争议一般很难解决。而且,很多时候就算

① 《非洲商法协调条约》第 20 条。

② 《司法与仲裁共同法院诉讼程序规则》第 46 条。

③ 根据《司法与仲裁共同法院诉讼程序规则》第 17 条的规定,在诉讼程序的开始阶段,司法与仲裁共同法院可以主动表示自己对案件无管辖权,也可以由诉讼的任一方当事人提出。

通过诉讼方式解决了纠纷，当事人也已经花费大量的时间和金钱，最后还会面对判决结果得不到执行的难题。因此，越来越多的当事人转而寻求其他方式，相比之下，非诉讼解决国际商事纠纷的方式具有更灵活便捷、经济快速等优点，因此成为首选的争议解决途径。

一、替代性纠纷解决机制

替代性纠纷解决机制是个综合性的、概括性的概念，其内涵和外延相对难以准确界定，目前学术界并没有达成统一的共识，综合起来，一般分为广义说和狭义说两种学说。广义说认为，替代性争端解决机制包括友好协商、调解以及仲裁等，狭义说中不包括仲裁。因为非洲某些国家的法治环境不完善，诉讼结果具有不可预知性，而诉讼的成本高、时间长，以及受到中国传统文化中“以和为贵”思想的影响，所以在出现问题或者争议后，绝大多数的中国企业都是先试图通过和解或调解来解决纠纷的。

(一)友好协商

友好协商是指在国际商事纠纷发生后，争议双方通过当面谈判或函电等方式磋商，在友好的气氛中共同寻求双方都接受的解决方案，在互相谅解、互作让步的基础上，最后自行达成协议，因此成为解决争议的首选途径。

(二)调解

调解是指由争端当事人各方共同指定中立的第三方，并在其主持下进行谈判以期找到对当事人双方都有利并愿意接受的争议解决方式。与友好协商方式一样的是，调解一般没有固定的形式要求，也不受严格法律程序拘束。区别在于，第三方在调解方式解决争端中起到非常重要的作用，他在当事人之间调停疏导，帮助交换意见，并提出解决建议，积极促使国际贸易纠纷的快速解决。根据国际投资争端解决中心的统计，截至 2020 年 6 月 30 日，已登记的投资者与国家争端案件中，与 2017 年时调解案件仅占总数的 1.6% 相比，已有 12.6% 的争议是通过调解方式得以解决的。《在非洲中资企业法律服务需求调研报告》显示，处理商事争议时，在非洲投资的中国企业中有 74% 的企业选择调解(或和解)作为解决问题的首选途径，有 18% 的企业委托律师全权处理，6% 的企业想办法“息事宁人”，而只有 2% 的企业会在当地法院提起诉讼。① 由此可以看出，具有灵活性、高效性和可预见性的通过调解解决国际商事纠纷的方式在非洲受到中国企业的重视。②

非洲商法统一组织在颁布执行《仲裁统一法》之后，作为仲裁法的补充，颁布了《调解统一法》，规定了以调解作为争端双方仲裁替代性方法。《调解统一法》使调解作为争议机制程序化，规定即使争端双方在合同中没有规定调解条款，在争端双方提交仲裁诉请 15 日内，任何一方当事人仍可提交调解请求，调解的期限不得超过 6 个月，调解没有达成合意的再进行仲裁程序。调解法还规定了调解庭调解员的人数和任命、调解进程、保密条款和调解费用等具体调解程序规则，司法与仲裁共同法院拥有对《调解统一法》的适用与解释的权利。

（三）仲裁

虽然友好协商、调解方式具有灵活、简易，不影响双方的友好交往关系等优点，但是采用这两种方式的前提是争端各方可以互谅互让，并且愿意友好协商，而且，由于它们对争端各方并不具有拘束力与强制力，一般不能解决双方分歧严重、互不相让、无法达成一致的投资争议。在这种情况下，仲裁作为国际商事纠纷解决的重要方式的独特优势就显得尤为重要。仲裁不但具有

---

① 参见北京德和衡律师事务所和中国社会科学院西亚非洲研究所非洲法律研究中心：《在非洲中资企业法律服务需求调研报告》2020 年 12 月 2 日。

② 国际投资争端解决中心（International Centre for Settlement of Investment Disputes，ICSID）是根据 1966 年 10 月正式生效的《华盛顿公约》成立的一家政府间组织，其主要宗旨是为国际投资争端解决提供服务，其办公地点设在美国首都华盛顿 D. C. 的世界银行内。具体来说，ICSID 是以调解或仲裁的形式来处理公约缔约国政府和另一缔约国国民因投资而产生的法律争端，其仲裁裁决具有最终约束力，争端各方应予以执行（对于普通的企业之间的合作纠纷，不属于 ICSID 的管辖范围）。ICSID 公约自 1966 年开放签字以来，得到了很多国家的支持。为了达到精简并使之现代化，减少程序时间和费用，利用新技术减少案件对环境的影响，以及保持国家和投资者利益之间的平衡等目的，ICSID 已经启动了四次仲裁规则的修改。截至目前，已经有 152 个国家批准加入《华盛顿公约》。中国在 1992 年加入《华盛顿公约》。在批准文件中，中国指出“中国仅考虑把由征收和国有化产生的有关补偿的争议提交 ICSID 管辖”。参见池漫郊、任青：《中国国际投资仲裁年度观察（2020）》，载陈福勇主编：《北京仲裁》第 112 辑，中国法制出版社 2020 年版；史平辉：《解决投资争端国际中心（ICSID）仲裁简介》，载中国国际贸易促进委员会 2016 年 8 月 30 日，http://www.ccpit.org/falvfuwu/falvguwen.htm?ChannelID=3454。

效率高、成本低的优点，而且较之协商调解对争议双方更有约束力，相较于法院的判决，仲裁机构的裁决更容易得到当事人的承认和执行[①]，正是基于以上的重要区别，狭义说的替代性争端解决机制不包括仲裁制度。

仲裁作为一种纠纷解决的方式，早在人类社会的原始阶段就被人们所利用。当争议或者分歧产生时，人们会求助于本族或者本部落德高望重的年长者，请求其进行裁断。[②] 随着商品经济的发展，仲裁中的一些做法逐步定型，形成惯例或者制度，进而法律化，并且在实践中不断丰富和完善，最终形成了仲裁法律制度。近代以来，仲裁的形式和内容有了极大的发展。20 世纪以后，随着全球经济一体化的不断深入发展，仲裁制度开始全面制度化和立法化。目前商事仲裁体系已经成为体系完备、制度健全、功能强大的解决民商事争议的机制。为适应国际商事仲裁的需要，协调各国仲裁立法的冲突，国际社会开始了统一各国仲裁立法的国际立法工作。[③] 目前仲裁在解决各种纠纷，尤其是经贸纠纷方面，发挥着越来越重要的作用，得到了世界各国和国际社会的广泛重视。

一般来说，根据仲裁裁决的依据不同，仲裁被分为依法仲裁和友好仲裁。仲裁具有很强的自治性的特征，即当事人双方可以通过约定自行选择仲裁程序规则，而且还可以依据争端的实际情形授权仲裁员做出裁判的依据或者是依法或者是公平原则及商业惯例。前者即依法仲裁，是目前国际仲裁领域的主流。后者为友好仲裁，这种仲裁方式需经当事人双方的特别授权，也不得违背仲裁地的公共秩序及其他强制性规定，目前只占少数，主要保留在如法国、比利时、荷兰等一些大陆法系国家。非洲商法协调组织成员国的

---

① 在国际商事争端案件中，一般而言，一国国内法院的判决只能得到签署互惠执行判决的双边条约的签署国的国内法院的承认和执行。到目前为止，中国只和突尼斯、埃及和摩洛哥等少数几个非洲国家签订了民商事司法协助条约，这就意味中国和其他大多数非洲国家的法院判决是不能得到相互承认和执行的。

② 法律意义上的仲裁源于古希腊和古罗马时代，著名的古罗马《十二铜表法》中就有多处关于仲裁的记载。

③ 主要成果有 1958 年在纽约签订的《承认和执行外国仲裁裁决公约》、1965 年在华盛顿签署的《解决国家与他国国民间投资争端公约》、1985 年联合国国际贸易法委员会主持制定的《国际商事仲裁示范法》等。

法律制度深受法国影响，同时也或多或少地借鉴了法国仲裁制度。① 比如根据《司法与仲裁共同法院仲裁规则》第15条第1款的规定，仲裁庭必须询问当事人是否希望仲裁庭充当友好调解人的角色，并根据公平原则做出裁决。由此可见，非洲商法协调组织仲裁制度不但承认依法仲裁，还明文规定了友好仲裁。

近几十年来，随着国际经济贸易的发展和扩大，国际商事方面争端的发生也越来越频繁。根据《非洲黄皮书：非洲发展报告（2017－2018）》的建议，在非洲投资的中国企业或个人在提起投资争议解决程序时应尽量选择仲裁方式。在投资争议无法通过国内诉讼或仲裁的方式解决时，可以考虑利用非洲的地区性争端解决机构解决此类争议。②

二、非洲商法协调组织双轨仲裁制度

近些年来，随着非洲仲裁制度的日趋完善，曾经把国际商会、国际投资争端解决中心作为争议解决的首选机构的非洲国家和外国投资者逐渐倾向于使用更加“本土化”的方式，非洲商法协调组织的双轨仲裁机制也越来越受到中国投资者的关注。

---

① 仲裁制度在非洲商法协调组织成员国国内出现的普遍比较晚，主要是因为大多数成员国都曾是法国的殖民地，而仲裁是一种基于当事人意思自治解决争议的一种方式，这明显违背了当时法国对西非殖民地的“直接统治”政策。因此，为了更加严格地控制殖民地，法国政府在非洲殖民地国家施行1807年的法国民事诉讼法典的同时，删减了有关仲裁的内容，不允许在殖民地国家施行仲裁法。法国的前殖民地国家纷纷独立后，很多国家决定弥补没有仲裁立法的问题。虽然摆脱了法国的殖民统治，但是这些国家制定的有关仲裁的法律都或多或少地受到法国有关仲裁的法律影响。

② 《非洲黄皮书：非洲发展报告（2017－2018）》是2018年8月14日由中国社会科学院西亚非洲研究所和社会科学文献出版社共同举办发布的，其中的专题报告从多个层面或视角深度分析了近年来非洲在政治生态、经济形势、安全局势、对外关系、法律环境、舆论环境等方面的新情况、新特点或新趋向，以及上述新变化对中国在非洲活动及中国在非洲利益的影响，并提出了相应的对策建议。此书是研究非洲政治、经济及法律等方面的新发展、新特点及新趋势的重要资料。报告中肯定了非洲投资法律环境的进一步提高，并且指出，对在非洲投资的中国企业或个人而言，首先，要了解非洲国家的相关投资立法；其次，在提起投资争议解决程序时，中国投资者应尽量选择仲裁方式，在投资争议无法通过国内诉讼或仲裁的方式解决时，可以考虑利用非洲的地区性争端解决机构解决此类争议；最后，中国投资者在与非洲国家政府签订投资合同时，尽量在合同中纳入稳定条款或冻结条款，还应考虑尽量在合同的争端解决条款中选择在国际投资争端解决中心解决争议。除此之外，还建议中国投资者在非洲国家投资较大的电力、基础设施项目时，应尽量选择在多边投资担保机构进行投保。

相较于其他国际仲裁机构，非洲商法协调组织的仲裁机制的优势主要体现在三个方面：首先，非洲商法协调组织更了解其成员国的法律制度、争议等情况，中国企业与非洲商法协调组织成员国发生投资争议时，仲裁结果也会更加公正；其次，非洲商法协调组织的仲裁费用一般比国际仲裁机构低，而且耗时短；最后，通过非洲商法协调组织的仲裁制度做出的裁决结果在成员国国内具有更强的既判力和强制执行力。

非洲商法协调组织是基于各成员国之间共同的历史文化背景和相同政治经济利益而成立的非洲区域性法律共同体，成立至今的几十年间一直在不断地创新和完善，其在非洲商法统一立法进程中取得的成就有目共睹。非洲商法协调组织创设的争端解决机制对非洲乃至世界其他法律组织提供了可资借鉴的宝贵经验和启示。各成员国的仲裁制度也经历了由多样化到协调化的过程，双轨仲裁制度的设立是非洲区域争端解决机制的最重要的成就之一。对于赴非投资的中国企业来说，更好地了解和运用非洲商法协调组织的双轨仲裁制度将成为快速、有效地解决在投资过程中发生的争议、保障其合法权益的关键。

（一）机构仲裁制度

非洲商法协调组织的双轨仲裁制度指的是司法与仲裁共同法院的机构仲裁和《仲裁统一法》规定的临时仲裁共同构成的仲裁制度。[①] 正如上文介绍过的，司法与仲裁共同法院作为非洲商法协调组织的常设机构，不仅具有司

---

① 根据是否存在常设的专门仲裁机构，仲裁可以分为机构仲裁和临时仲裁。机构仲裁（又称为制度性仲裁、常设仲裁、管埋式仲裁）是当事人根据仲裁协议，将他们之间的纠纷提交给某一常设仲裁机构所进行的仲裁。仲裁机构有自己的组织章程、仲裁规则、办事机构管理制度及供选用的仲裁员名册，因此机构仲裁更正规，费用更明确，而且更能得到司法机关的认可和信任。临时仲裁（又称为特别仲裁、临时性仲裁）是指当事人根据仲裁协议，将他们之间的争议交给临时组成的仲裁庭而非常设性仲裁机构进行审理并做出裁决的仲裁。临时仲裁机构仲裁历史悠久，它是 19 世纪中叶机构仲裁出现以前唯一的国际商事仲裁组织形式。并且，由于临时仲裁以其在仲裁协议的订立、仲裁员的选择、仲裁程序的开展等方面给予的更大的弹性，使得程序和手续都相对简化，并且更能充分保障当事人的意愿，因此在常设仲裁机构发展迅速的今天，仍有很强的生命力，得到很多国家的承认，特别在国际海事的纠纷处理方面，临时仲裁是主流。

法职能,还有仲裁职能,《非洲商法协调条约》对其仲裁职能做了具体的规定。随后,1999 年 3 月 1 日通过的《司法与仲裁共同法院仲裁程序规则》(以下简称《共同法院仲裁规则》)对司法与仲裁共同法院的仲裁程序做了更详细的规定。[①] 为了适应新的经济发展形势下的国际仲裁立法趋势,2017 年 11 月 23 日,对 1999 年的规则进行了必要的修改和补充后,非洲商法协调组织通过了修改后的《共同法院仲裁规则》,是非洲商法协调组织仲裁制度的主要渊源之一。

一般来说,只要当事人之间存在有效仲裁协议,发生争议后,仲裁程序优先于法院程序。在非洲商法协调组织框架下的仲裁制度中,当事人可以在合同中订立仲裁条款,也允许当事人在争议发生后通过仲裁协议将争议提交非洲商法协调组织的仲裁机构。根据《非洲商法协调条约》第 21 条和《共同法院仲裁规则》第 2 条的规定,申请司法与仲裁共同法院的机构仲裁程序必须满足三个条件:首先,仲裁的纠纷必须是一个合同争议,而且当争议涉及人身关系(如离婚、继承、收养、抚养等)以及各国国内法规定属于国内公法规范的问题都是被排除在其仲裁范围之外的;其次,当事人一方在非洲商法协调组织成员国内有住所或者惯常居所;最后,合同的一部分或全部已经或将在某一个非洲商法协调组织成员国内或多个成员国内履行。仲裁当事人一旦按照上述规定将争议提交非洲商法协调组织的仲裁机构进行仲裁,除非在明确规定不适用仲裁的情形下,他们在整个仲裁程序中将受司法与仲裁共同法院仲裁规则的拘束,一方当事人也不得规避,因为即使一方拒绝或未能参加仲裁,仲裁程序仍然会按照《共同法院仲裁规则》进行。

1. 仲裁庭的组成

首先,根据《非洲商法协调条约》第 21 条的规定,司法与仲裁共同法院本身并不具体处理某一仲裁案件,它的职责是任命或确认仲裁员、处理对仲裁员提出的异议,并有权对仲裁的整个过程和进程进行了解,以及针对仲裁裁

---

① 为了达成非洲商法协调组织成员国“希望将仲裁手段视为解决各种合同纠纷的一个工具”的目的,1993 年 3 月 11 日在布基纳法索的瓦加杜古举行的部长理事会通过了《司法与仲裁共同法院仲裁规则》和《仲裁统一法》。

决草案进行审查。因此,可以看出作为“超国际性仲裁机构”的司法与仲裁共同法院与中国的各仲裁委员会常设的仲裁机构有相似之处,它并不拥有真正解决问题的使命,在机构仲裁制度中往往充当仲裁中心的角色,主要从事有关仲裁的行政管理、组织联络以及协助当事人进行仲裁的工作。① 并且,司法与仲裁共同法院确立且每年更新仲裁员名单,提供给当事人。不过这个名单对当事人只具有指示作用,并没有强制力,争议当事人有权选该名单以外的仲裁员。而且司法与仲裁共同法院法官的名字不能登记在这个名单上②,也不会在司法与仲裁共同法院监管的仲裁程序中担任仲裁员。

其次,在仲裁员的选任资格方面,与中国仲裁法对仲裁员任职资格进行详细规定正好相反,《共同法院仲裁规则》和《非洲商法协调条约》都没有做严格的规定,只要求仲裁员必须是自然人,并且具有完全民事行为能力。具体地,如果争议双方约定由一名仲裁员解决纠纷,他们需要通过达成一项共同的协议指定仲裁员,并提交司法与仲裁共同法院进行核准。但是,争议双方在一方当事人发起仲裁请求之日起30日的限期内,未指定或无法达成人选的合意的情况下,就应由仲裁庭所在国的国内法院指定仲裁员组成仲裁庭。如果根据当事人的约定,仲裁庭由3名陪审员组成时候,双方当事人各自指定1名独立的仲裁员,提交司法与仲裁共同法院予以核准。其中任何一方放弃指派仲裁员的时候,由司法与仲裁共同法院代其指派。③ 除非双方当事人达成合意,共同约定由其指派的仲裁员在约定的期限内遴选出第三位仲裁员,否则也将由司法与仲裁共同法院指定,并由其担任首席仲裁员。④ 任命和核准仲裁员是司法与仲裁共同法院在行政管理方面的主要职能之一,它任命仲裁员的时候应充分考虑当事人的国籍、居住所、仲裁员和代理人的居住地,以及

---

① 参见黄进、宋连斌、徐前权:《仲裁法学》,中国政法大学出版社2008年版,第28页。

② 《非洲商法协调条约》第22条第5款。

③ 《非洲商法协调条约》第22条第4款。另外,本条还规定了当事各方无法对仲裁员的数量达成一致意见时,除非司法与仲裁共同法院有充分理由认为该案件需要3名仲裁员,否则将任命1名独任仲裁员对案件进行仲裁。

④ 同样地,如果是多方当事人的仲裁,根据《共同法院仲裁规则》第3条第1款的规定,需要多方申请或被申请人达成合意,在规定时间内共同指定一名仲裁员。反之,司法与仲裁共同法院将代为指定仲裁庭的所有成员,以避免指定仲裁员时对某方当事人带来的不平等待遇。

当事人所使用的语言、需要解决争议的类型以及适用的法律等因素。

另外,《共同法院仲裁规则》和《非洲商法协调条约》都对任命的仲裁员的辞职、被申请回避或撤销任命的情形进行了详细的规定。首先,所有仲裁员应独立于当事人,并且将所有其所知道的或者由其决定的会使当事人怀疑其公正独立仲裁的情况报告给共同法院的秘书长,由秘书长以书面形式告知当事人。当仲裁员充分披露了相关情况而双方当事人一致书面同意继续任命他时,该仲裁员可以书面的形式接受任命并担任仲裁员。其次,任一方当事人都不能再根据任何已披露的理由或者事项来申请仲裁员回避。但是,如果当事人或司法与仲裁共同法院发现同一仲裁员有未披露的可能影响其公正、独立仲裁的情况时,该仲裁员可能被申请回避,已经做出的裁决也会因为同样的理由被撤销。当事人没有或者不能在约定的时间就申请回避的相关程序达成合意时,回避事项将由成员国有权的法官决定且该法官的决定是终局不可上诉的。[①]

除此之外,除非存在司法与仲裁共同法院认为可以接受的充分理由,否则在原则上仲裁员本身是不能辞去任命的,必须参与该案的仲裁程序直到结束。但是,如果根据收集到的有关意见,司法与仲裁共同法院有理由相信仲裁员没有或者不能在法律上或事实上履行其职务,又或者仲裁员死亡等障碍发生时,就有必要更新仲裁员,按照上述的仲裁员的选任方式和程序重新指定仲裁员[②]。

2. 仲裁员的权利和义务

在非洲商法协调组织仲裁制度的框架下,只要存在仲裁协议就能够排除法院的管辖权。根据《非洲商法协调条约》第 23 条的规定,如果当事人之间已经约定以仲裁方式解决争议,而且一方当事人已经向受理该争议的非洲商法协调组织的成员国的国内法院提出管辖权异议,那么该法院应宣布其对该案无管辖权,必要时将该案移交仲裁。一旦司法与仲裁共同法院

---

① 《非洲商法协调条约》第 22 条第 6 款和《仲裁统一法》第 4 条。

② 《非洲商法协调条约》第 22 条第 7 款。

接受了当事人的仲裁申请，并已经组成了仲裁庭，当事人就只能针对仲裁协议的有效性、存在或者范围提出质疑。此时司法与仲裁共同法院有权认定仲裁协议是否存在。而对于管辖权问题，仲裁庭有权对当事人提出的管辖权异议做出裁定，即仲裁自裁管辖权原则①，这是现代商事仲裁的重要原则之一。这一原则在当代商事仲裁实践中得到广泛适用，是为了防止任何一方当事人拖延仲裁程序，通过法院冗长的诉讼程序来解决管辖权问题。但是如果任一方当事人对管辖权问题仍有争议，还可以通过仲裁裁决做出后申请撤销的程序来纠正仲裁庭的决定。因此，仲裁自裁管辖权原则不会侵害当事人的利益。

仲裁庭还有权以自己认为合适的方式安排仲裁程序，决定适用于当事方争议的实体法；并且，仲裁员拥有裁决权（包括中间裁决、临时裁决和最后裁决的权利），这也是仲裁的根本性权利；仲裁还享有获得相应的报酬的权利，具体的金额是在争议标的额的基础上，由司法与仲裁共同法院在全体会议上起草，并经成员国部长理事会批准的比例确定的②，因此，司法与仲裁共同法院对作为自由职业者的仲裁员的酬劳金额方面具有确定的权利。除此之外，除了当事人另有约定，司法与仲裁共同法院的仲裁庭有权决定临时或保全的措施。根据仲裁庭的决定，当事人可以向司法与仲裁共同法院院长或其指定的法官申请执行令来实施该类措施。③

仲裁员的义务就是仲裁员在其支持的仲裁程序中应该承担的责任，主要是要求仲裁员独立于当事人、在仲裁过程中给予双方当事人充分陈述的机会、公正地听取双方就争议事项的意见和要求，最后做出公正裁决的义务。

---

① 《仲裁统一法》第 11 条规定，仲裁庭有权就与仲裁协议的存在和有效性有关的问题，根据其本身的管辖权作出裁决。而中国仲裁制度中的仲裁员对案件的管辖权在有些情况下还需要法院的确认。

② 《共同法院仲裁规则》第 10～11 条规定了仲裁费用的问题，在最初的书面诉状进行交换后，当事人需向司法与仲裁共同法院支付预期的仲裁费用，其中就包括仲裁员的酬金和开销。

③ 由非洲商法协调组织的仲裁庭下令采取的临时和保全措施，可以依据 1958 年《纽约公约》以及其他有关仲裁裁决承认和执行的公约得到别国的承认和执行。

3. 仲裁程序

当事方向司法与仲裁共同法院的秘书长提交仲裁启动仲裁程序[①],秘书长收到仲裁申请的日期被认为是仲裁开始之日。秘书长在收到仲裁申请后,会立即书面通知被申请人。被申请人必须自收到该通知的30日对仲裁申请提出答辩。同时,也可以提出反申请,申请人可在30日对此进行答辩。这一程序完成以后,司法与仲裁共同法院就会启动仲裁程序。

仲裁庭在收到当事人双方的仲裁文书后,应在45日内举行一次仲裁庭和当事人的见面会,并起草备忘录以决定仲裁的目的以及某些程序事项。[②] 此次见面会上,仲裁还必须询问当事人是否希望仲裁庭充当友好调解人的角色,并根据公平原则做出裁决。[③] 庭审应该确定在此次见面会后的6个月内进行。

《共同法院仲裁规则》虽然对仲裁过程作了详细的规定,但没有明确规定仲裁审理的具体程序。因此,在实践中,仲裁庭除了适用《共同法院仲裁规则》中的相关规定外,在无相应规定的情况下,需适用当事人的约定。在当事人无相关约定的情况下,仲裁庭也可参考某一国家国内的程序法。在实体法的选择方面,需要首先适用当事人约定或者选择的实体法。如当事人无相关选择,仲裁庭在考虑合同条款及相关的国际商事惯例后,选择适用它认为最合适、恰当的法律。[④]

根据《共同法院仲裁规则》第10条的规定,"在仲裁程序中仲裁员有权力

---

① 《共同法院仲裁规则》第5条规定,申请中必须包含以下内容:当事人的全名、职业、商业名称、通信和电子邮箱地址以及当事人之间的争议的摘要、请求及相关证据。还应包括仲裁地,仲裁语言,使用的仲裁规则、程序等的约定,如果当事人并无此类约定时,仲裁申请人就这问题提出的建议。同时,还需提交当事人缔结的仲裁协议以及引起该请求的合同或者非合同文件、申请人对有关仲裁请求的简要陈述,以及仲裁请求所依据的理由、有关仲裁员选择和数目的建议,同时还应根据规定交存一定的费用。《共同法院仲裁规则》还规定了预支额的计算方法。争议双方应平摊预支费用,尽管最终将由一方支付全部费用。支付仲裁费用是提交仲裁庭进行仲裁的前提。需要注意的是,根据《共同法院仲裁规则》进行仲裁的费用是按照商业费率以及其他仲裁机构费用的比较价格收取的。

② 参见朱伟东:《非洲商法协调组织》,社会科学文献出版社2018年版,第82~83页。

③ 需要注意的是,为了节约社会成本和体现中国"和为贵"的传统文化,中国《仲裁法》规定,仲裁的过程需强调仲裁与调解的结合。但是,《共同法院仲裁规则》中没有此类的规定。

④ 《共同法院仲裁规则》第17条。

批准任何临时或者暂时的措施”。当然,如果当事人不希望仲裁员有这样的权力,也可以在仲裁协议中明确约定选择不受该条的约束。如果实施此类措施需要执行令,当事人则可以直接向司法与仲裁共同法院提出申请。这也是根据《共同法院仲裁规则》进行仲裁的主要优势之一,司法与仲裁共同法院下发的执行令将在非洲商法协调组织成员国国内法院的协助下得到强制执行。[①] 同时这也构成了司法与仲裁共同法院的机构仲裁制度中法院与仲裁庭都有权发布临时或者暂时措施的“法院和仲裁庭并存权力”模式。这也避免了中国的“法院专属式”的分配模式,即只有法院享有临时性保全措施决定权,避免了法院对仲裁进行过分干预,造成仲裁司法化的问题。[②]

4. 仲裁裁决的制作

仲裁员在签署部分或最终仲裁裁决前,都应首先将其仲裁裁决方案提交给司法与仲裁共同法院进行审查。法院只能从形式上就仲裁裁决方案提出修改意见。[③] 根据《共同法院仲裁规则》第 22 条的规定,除了当事人有其他约定外,仲裁裁决中必须注明仲裁员的全名、仲裁裁决的日期、仲裁庭所在地、当事人的全名、住所或者商号,必要时,还要注明当事人的代理人或者代表人的全名,各方当事人的请求、主张和理由,以及仲裁审理过程、做出仲裁裁决的理由及仲裁员的签名等。如果仲裁庭是由 3 名仲裁员组成的,那么裁决应当根据多数意见做出。如果一名或者两名仲裁员拒绝签名,须在仲裁协议中注明有关拒绝签名的说明(但并不影响仲裁裁决的效力)。

5. 仲裁裁决的救济

仲裁裁决对所涉及的争议具有既判力,一经做出即具有法律上的约束力,当事人不具有普通的上诉权利,仲裁败方应该在法律规定的期限内执行仲裁裁决。否则,裁决胜诉方可以向法院提交正本仲裁书及仲裁协议副本,请求法院通过承认和执行仲裁协议来救济自己的权利,维护自己的权益。而

---

① 根据《共同法院仲裁规则》第 22 条的规定,有关临时措施的裁定并非相关实体问题的最终裁决,因此还应受到《共同法院仲裁规则》第 23 条的监督。

② 参见颜苗丽:《非洲商法统一组织仲裁制度与中国仲裁制度比较研究》,湘潭大学 2010 年硕士学位论文,第 32 页。

③ 《非洲商法协调条约》第 24 条。

如果仲裁败方对仲裁裁决的有效性提出异议并拒绝执行,也可以在法定的时间内通过法定的程序提出撤销所涉及的仲裁裁决的申请,这也是对败方当事人自身权利的一种救济。

(1)仲裁裁决的撤销

在1999年的《共同法院仲裁规则》中,没有规定裁决的撤销程序,2017年的《共同法院仲裁规则》明确规定了仲裁裁决的撤销程序。仲裁裁决的撤销程序可以通过当事人约定来放弃,除非仲裁裁决违反了国际公共政策。如果没有当事人的事先约定,那么当事人可以在收到仲裁裁决通知后的2个月内向司法与仲裁共同法院提出撤销申请,并及时通知对方当事人。针对"国际公共政策"一词的界定,司法与仲裁共同法院没有做出统一的解释,而是赋予每一个成员国的有权法官适用其自己对此进行定义的权力。

当事人一方只需证明以下的至少一项情况存在,就可以撤销仲裁庭已做出的仲裁裁决①:

①仲裁员是在没有当事人提供仲裁协议或者提供的仲裁协议无效或者已到期的情况下做出了仲裁裁决。

②仲裁庭组成不当或独任仲裁员指定不当。该规定的含义也是与当事人意思自治以及仲裁员行为能力相一致的。

③仲裁员越权或者在没有很好地履行法律所赋予的职责的情况下所做出的裁决。该规定是为了避免仲裁庭没有遵守仲裁协议中约定的范围。

④仲裁过程缺乏正当程序,对审原则没有得到应有的尊重。该项规定是为了确保仲裁庭遵守正当程序、公平对待当事人以及给予当事人充分的申述案情和抗辩的权利。

⑤仲裁裁决违反了国际公共政策。

⑥仲裁裁决中没有说明推理过程或裁决理由。但是如果当事人约定进行友好仲裁或者授权仲裁员根据公平原则进行裁决的情况下就不能适用该项。

---

① 《共同法院仲裁规则》第29条第2款。

司法与仲裁共同法院应在收到当事人申请撤销仲裁裁决的请求后的6个月内做出决定。如果法院认为该申请的异议理由充分,就可以宣布仲裁裁决无效。[①]

(2)仲裁裁决的承认与执行

在司法与仲裁共同法院的仲裁制度下,仲裁庭已做出的仲裁裁决与非洲商法协调组织成员国法院做出的判决具有同等的既决案件的权威和效力,它具有终局性的特点,因此无法对其提出异议,亦不能对该仲裁裁决提出上诉。除此之外,司法与仲裁共同法院还享有对该仲裁裁决的承认与执行的专属管辖权,可依据司法与仲裁共同法院院长或其指定的法官签发的仲裁裁决执行令(是一种载有在相关司法管辖区内执行权利的法律文件)在任何成员国境内予以强制执行,因此也被称为"共同体执行令"。[②] 该执行令只能在以下四种情况下被予以拒绝执行:

①仲裁员在不存在仲裁协议、仲裁协议无效或仲裁协议已经到期的情况下做出了仲裁裁决;

②仲裁员越权或者在没有切实遵守《共同法院仲裁规则》所赋予的使命的情况下做出了仲裁裁决;

③仲裁过程缺乏正当程序,没有遵守对审程序原则;

④仲裁裁决明显有悖于国际公共政策。[③]

申请执行的一方当事人在收到法院与仲裁共同法院发出的执行令后必须通知被执行人,如果被执行人在收到通知之日起的15日内提出异议,那么司法与仲裁共同法院应召集各方当事人进行庭审。

(二)临时仲裁制度

非洲商法协调组织框架下的临时仲裁制度的主要渊源是《仲裁统一法》。

---

① 《共同法院仲裁规则》第29条第5款。

② 应该指出的是,如果在非洲商法协调组织成员国承认和执行司法与仲裁共同法院的仲裁裁决的时候,司法与仲裁共同法院的仲裁裁决应当基于非成员国的国内相关法律或根据国际公约(尤其是1958年纽约公约)承认或执行。

③ 《非洲商法协调条约》第25条。

1999 年 6 月 11 日生效的《仲裁统一法》于 2017 年 11 月 23 日被新通过的《仲裁统一法》取代。新法在旧法的基础上做了相应的修改和完善,并增加了一些新的条款以顺应国际上最新的仲裁立法趋势。《仲裁统一法》的全文共分为七章,即仲裁法的适用范围;仲裁庭的组成;仲裁审理;仲裁裁决相关规定;仲裁裁决的撤销;仲裁裁决的承认和执行及最后规定。

1. 适用范围

《仲裁统一法》第 1 条规定,该法适用的范围包括仲裁地位于非洲商法协调组织任一成员国国内的所有仲裁,即包括仲裁地位于任一成员国自然人之间、法人之间、国家和国家实体或者公共(行政)机构之间的所有争议。该规定没有区分国内仲裁和国际仲裁,因此,只要仲裁地位于任一成员国境内,临时仲裁或机构仲裁、国内仲裁或国际仲裁均应受《仲裁统一法》调整。

根据《仲裁统一法》第 2 条的规定,能够通过临时仲裁解决的争议不限于商事事项,除需要公共机构干预的权利争议外,任何涉及自然人和法人实体之间的、国家或其他地区公共机构以及公有公司等的可以自由处置的权利的事项,均可根据《仲裁统一法》申请启动临时仲裁。该项规定还进一步补充,此类实体不能援引本国国内法中的规定,或称自己没有订立仲裁协议的能力,或仲裁协议是无效的来主张所涉争议不能提交仲裁。

另外,《仲裁统一法》第 4 条也确定了仲裁程序优先于法院程序的原则来扩大仲裁协议的效力范围。因此,就算争议当事人已经将纠纷诉讼到法院,仍可协议就争议事项提交仲裁。

2. 仲裁协议

根据《仲裁统一法》第 3 条的规定,当事人不但可以在订立的合同中直接约定仲裁条款,也可以在争议发生后双方签订仲裁协议。仲裁协议可以以书面形式或可证明其存在的任何其他方式做出,包括任何当事人提交仲裁的意思表示的任一有关投资的法律文件[①],也可以是当事人之间来往函电中提到的含有仲裁协议的某一文件。这一条也明确地把投资争议纳入了《仲裁统一

---

① 特别是投资法、双边投资保护条约或多边投资保护条约。

法》的调整范围，依据此项规定，外国投资者可以向非洲商法协调组织的某一成员国的国内法院提起相关的投资争议的仲裁申请。该法第 4 条还规定，即便当事人已经将争议诉讼提交到法院，仍然可以通过合意的方式达成协议将争议提交仲裁。

值得一提的是，《仲裁统一法》明确规定了仲裁协议独立原则，即仲裁协议的独立性，又称为仲裁协议的“分离性”或“自治性”。此项原则是 20 世纪 80 年代后发展起来的有关仲裁协议有效性的理论，随着国家商事仲裁发展的趋势而被广泛认可，它的设立和发展也反映了国际实践对仲裁的支持。当代学者普遍认为，国际商事仲裁协议的本质是一种程序性契约，这就决定了它与作为实体性契约的国际商事合同是性质不同的规定，他们之间实际上相当于程序法与实体法的关系，而绝不是主合同与从合同的关系。承认仲裁协议的独立性即承认程序法是独立于实体法的、而且优先于实体法的现代程序正义理论。《仲裁统一法》通过第 4 条确认了仲裁协议在形式和内容上是完全分离于当事人之间签订的合同的，具有独立性。因此，只要合同中约定了仲裁条款，或者争议发生后双方当事人单独订立仲裁协议书，以及在争议发生之前或争议发生之后双方当事人签定了一些其他有关提交仲裁约定的书面文件，那么即使争议的双方当事人所订立的主合同无效、失效甚至根本不存在，也不会影响仲裁协议的效力，仲裁条款仍然被认为有效，仲裁庭仍可以依据当事人提交的仲裁协议对案件行使管辖权，并最终做出裁决。

除此之外，仲裁所依据的法律可根据当事各方共同的意思表示进行解释，并不一定受主合同的准据法或某一特定国的国内法所支配。它与我们上文提到的自裁管辖原则是密切联系的两项国际商事仲裁原则，被认为是现代仲裁制度中的两项成就。

《仲裁统一法》的这一规定与法国《仲裁法》的内容如出一辙，“仲裁协议独立原则为仲裁员对有关争议行使管辖权决定主合同及仲裁协议有效性问题创造了条件，可以说自裁管辖原则是仲裁协议独立原则的必然结果”，它有助于维护仲裁协议的独立有效性,进而减轻了仲裁庭自裁管辖的审理负担①,也有利于当事人通过合意决定通过仲裁解决争议的愿望的实现。但是,仲裁协议的独立性原则又可能为仲裁裁决承认和执行方面带来一定的难度和问题。②

3. 仲裁庭的组成

关于仲裁庭的任职资格的要求主要规定在《仲裁统一法》第 6 条:"仲裁员只能由自然人担任,具有完全的民事行为能力,并且必须在仲裁过程中保持公正、独立。"《仲裁统一法》中并没有就仲裁员国籍、品德条件或者专业水平等方面做更多强制性规定,由此可以看出非洲商法协调组织对于仲裁员的选择更侧重于当事人的意思自治。③ 除此之外,在《仲裁统一法》第 11 条对仲裁院的人数也做了强制性规定,即由当事人通过合意确定 1 名或 3 名仲裁员。这些内容和非洲商法协调组织的机构仲裁的规定是相同的。

《仲裁统一法》第 5 条规定了仲裁庭由 1 名仲裁员或 3 名仲裁员组成。如果当事人之间没有约定或者不能达成一致意见,仲裁庭由独任仲裁员组成。如果当事人无法就独任仲裁员的人选达成一致,一方当事人可以请求成员国有管辖权的法院指定独任仲裁员。第 6 条规定了"仲裁员可以根据当事人的协议被任命、撤销或更换"。当事人也可以合意约定有权任命的机构任命仲裁员。如果当事方没有就此做出特别的规定,那么仲裁员的任命、解除或者更换就应适用《仲裁统一法》的相关规定。《仲裁统一法》第 6 条还规定,如果当事人合意仲裁庭由 3 名仲裁员组成时,双方当事人可以各任命 1 名仲裁员,

---

① 由于《仲裁统一法》第 3 条确认了仲裁条款的有效性是独立于合同的,因此仲裁庭在确定仲裁协议是否存在及其有效性时,不需要去审查整个合同,只需查明和审查仲裁协议的有关内容,更不用确定整个合同的效力。

② 参见朱伟东:《非洲商法协调组织》,社会科学文献出版社 2018 年版,第 90 页。

③ 相比较之下,中国的仲裁制度对仲裁员的任职资格的规定非常的严格。如果是国内仲裁的话,仲裁员应为中国籍公民,只有涉外仲裁才可以从外籍人士中聘任仲裁员。另外,中国《仲裁法》第 13 条规定对仲裁员的资格做了更为详细的要求,比如仲裁员必须公道正派,并且还应该满足以下条件之一,如从事仲裁工作满 8 年或者从事律师工作满 8 年或者曾任审判员满 8 年或者从事法律研究、教学工作并具有高级职称又或者具有法律专业知识,从事经济贸易等专业工作,并具有高级职称或具备同等专业水平。这些都是仲裁委员会聘用仲裁员的强制性规定。

再由双方合意任命第3名仲裁员。如果当事人无法达成合意，由已经任命的两名仲裁员来共同指定第3名仲裁员，同时指定的第3名仲裁员也将是本仲裁庭的首席仲裁员；如果已经指定的两名仲裁员在其被任命后的30日内，或者一方当事人在收到另一方当事人任命仲裁员的请求后的30日内没有指定仲裁员，那么仲裁庭所在地成员国有管辖权的国内法院应在收到一方当事人请求指定仲裁员的申请之日起的15日内做出上述指定，除非该国国内法律中有更短的时间限制的相关规定。[①]

根据《仲裁统一法》指定的仲裁员可以提出辞职、被申请回避或者撤销指定。只要有任何可能影响仲裁员进行独立、公正仲裁的情形存在，该仲裁员就可以被申请回避。但是，如果该仲裁员已经告知当事人他所知道的或者由其决定的会影响当事人接受其任命的情况，而双方当事人已经一致书面同意任命他，当事人就不能再根据该仲裁员在接受任命前已经披露的任何他有可能被申请回避的情形而取消其任命，仅仅可就该仲裁员没有披露的那些应该披露的理由或者事实提出回避申请或者取消该仲裁员做出的仲裁裁决。

当事人也可以合意约定申请仲裁员回避的时间，如果当事人无法就该程序达成一致意见，那么，将由仲裁庭所在地的成员国有管辖权的法院做出决定，并且该决定是终局、不可上诉的。如果当事人对仲裁员的指派有异议，需在发现引起此异议的事实或理由后的30日内提出，除非他们就仲裁员的异议程序做出特别的约定，那么此类异议也将由上述法院受理，法院必须在30日内就该异议做出决定。如果该国内法院没有在上述期限内做出决定或者当事人对其驳回异议请求的决定不满，那么该当事人可以向司法与仲裁共同法院申请处理该异议或者提出上诉。

4. 仲裁员的权利与义务

《仲裁统一法》第11条规定确认了仲裁庭的自裁管辖权的权利。[②] 并且，仲裁员在程序方面享有较大的自由裁量权，可以根据案情自行决定是否需要

---

① 《仲裁统一法》第6条。

② 根据《仲裁统一法》第11条的规定，仲裁庭有权就与仲裁协议的存在和有效性相关的问题，根据其本身的管辖权做出裁决。

开庭、可以要求当事人提交必要的证据等。还享有裁决权和获得报酬的权利。《仲裁统一法》没有具体规定仲裁员如何确定报酬的金额,而交由当事人自由约定。

临时仲裁制度的仲裁员除了通过仲裁审理程序来履行其职能的过程中必须遵守公正、独立的仲裁基本原则的义务外,还应当就其所知的可能使任一方当事人对其公正性和独立性产生合理怀疑的相关情况进行充分和及时的披露,并且为了保证仲裁庭遵守正义、正当程序规则,仲裁员还必须平等对待仲裁当事人,给予双方充分陈述案情的机会。

5. 仲裁的程序

考虑到非洲争议解决常常通过协商和调解的方式进行,因此在新的《仲裁统一法》中增加了一条关于仲裁前程序的规定。根据这条规定,在双方当事人约定了提请仲裁前须先采取如协商、调解等方式解决争议的情况下,双方当事人需先通过约定的协商和调解方式解决。只有在双方无法通过上述方式达成一致意见的情况下才可以提请仲裁方式解决双方争议。

《仲裁统一法》赋予当事人约定选择某一仲裁机构的规则或某一国家程序法中的规则,以及选择仲裁过程中适用的实体法的权利。但是,在当事人没有就上述问题进行约定的情况下,将由仲裁庭自己决定仲裁过程中适用的适当规则和其认为最适当的法律。当然,同时也要考虑国际商事惯例,如果当事人许可,也可根据公平原则做出仲裁。①

《仲裁统一法》规定的仲裁审理应以对抗程序进行。同时仲裁程序优先于任何法院程序。除非法院认为仲裁条款显然无效或明显不适用于该争议,那么法院应在 15 日内就自己对此争议是否有管辖权做出最后的裁定,否则就算一方当事人已经就争议向某一国国内法院提起诉讼(无论仲裁程序是否已经启动),只要另一方当事人对该法院的管辖权提出异议,法院就必须将该争议移交仲裁。当事人只能向司法与仲裁共同法院针对法院做出的管辖权裁

① 《仲裁统一法》第 14 ~ 15 条。

定提起上诉。①

如果仲裁庭是由 3 名仲裁员组成，那么双方就当事人举证或者仲裁庭搜集的证据进行质证后，仲裁员可以决定在宣布仲裁裁决前休庭合议，休庭合议并不是仲裁必须进行的步骤，也不一定采取面对面的方式，但是仲裁庭合意必须是以秘密方式进行的。

《仲裁统一法》第 12 条规定，除非当事人有约定，否则仲裁庭应在完全组成之日起的 6 个月内对当事人提交的争议做出裁决以完成其任命。这一期间非常短，但在争议事项很复杂或者当事人众多等情况下，这个期限可以根据当事人的协议延长，或者由成员国有权法官或者仲裁庭根据当事人的请求做出延长裁定。

6. 仲裁裁决的制作

《仲裁统一法》第 19 条赋予了当事人约定仲裁裁决程序和形式的权利。在当事人没有对相关问题做出约定的时候，如果仲裁庭是由 3 名仲裁员组成的，则由仲裁庭依据多数仲裁员的意见做出，但是该条没有规定未能形成多数意见时的处理方法。

根据《仲裁统一法》第 20 条的规定，仲裁裁决必须包括仲裁庭的组成、仲裁所在地、仲裁裁决做出的日期、当事人的基本信息、参加庭审人员的情况、案情的基本情况及争议双方各自的请求和所依据的证据。除此之外，仲裁裁决还需注明是否给予双方当事人充分地发表意见的机会，以及仲裁庭对存在争议的事实问题和法律问题的意见，还有认定这些事实适用的法律或其他依据的阐述。仲裁裁决一经做出，对所涉及的争议即具有既判力，做出裁决的每位仲裁员必须签名，如果少数仲裁员拒绝签署，应在裁决中说明情况，但是这种情况并不影响该裁决的既判效力。仲裁庭的仲裁员在仲裁裁决签名后，就不再对仲裁所涉争议具有管辖权，但是当事人可在收到仲裁裁决通知之日起 30 日内申请仲裁庭就仲裁裁决做出解释，或就仲裁裁决中存在的错误或疏漏申请补充或者纠正，或对仲裁裁决中没有提及的某一请求做出补充仲裁，

---

① 《仲裁统一法》第 13 条。

而仲裁庭必须在45日内重新组成并对当事人的申请做出答复。否则,当事人可申请成员国国内有管辖权的法院对上述申请做出处理。①

7. 仲裁裁决的救济

仲裁统一法中规定的针对已做出的仲裁裁决的救济主要指的是仲裁的撤销、承认和执行三个方面。

(1)仲裁裁决的撤销

《仲裁统一法》赋予当事人通过约定放弃申请撤销仲裁的权利,如果当事人之间无此项约定,那么,一方当事人可以在收到仲裁裁决之日起1个月内向成员国国内有管辖权的法院申请核销仲裁裁决。②《仲裁统一法》第26条规定了当事人可以提出撤销仲裁裁决的理由:

①仲裁庭是在不存在仲裁协议或者仲裁协议无效或已过期协议的情况下做出的裁决;

②仲裁庭组成不当或独任仲裁员任命不当;

③仲裁庭没有遵守授权条款的规定;

④对等抗辩的原则没有得到应有的尊重;

⑤仲裁裁决违反国际公共秩序;

⑥仲裁裁决中没有说明推理过程或裁决理由。

如果受理该申请的国内法院没有在收到该请求后的3个月内做出处理的话,当事人有权在3个月的期限届满后的15日内向司法与仲裁共同法院提交撤销仲裁裁决的请求,而后者将在收到该申请的6个月内做出处理。③ 同样地,《仲裁统一法》第25条也赋予了司法与仲裁共同法院依当事人的申请受理有管辖权的成员国国内法院就撤销申请做出的裁定的上诉。

(2)仲裁裁决的承认和执行

如果被执行人自愿执行仲裁裁决,那么仲裁获胜一方当事人就没有必要去申请强制执行;但是,如果被执行一方拒绝承认仲裁裁决的效力,那么获胜

① 《仲裁统一法》第22条。

② 《仲裁统一法》第25条。

③ 《仲裁统一法》第27条。

一方当事人就可以向非洲商法协调组织成员国有管辖权的法院提交有效的裁决书正本以及仲裁协议的副本或其他符合要求的文件副本，来申请法院签发仲裁裁决执行令。[①] 成员国有权法官在拒绝承认和执行方面的自由裁量权很小，因为《仲裁统一法》规定裁决的承认和执行令只有在该裁决明显违反了非洲商法协调组织成员国的国际公共政策的情况下才能被拒绝。而且，《仲裁统一法》明确规定有管辖权的成员国法院必须在收到当事人申请执行令的15日内做出裁定。否则，视为该法院已经同意签发执行令，当事人可以请求该法院的书记员对根据仲裁裁决做出的执行令盖章，随后仲裁裁决就可得到执行。[②]

当事人不得对已经签发的仲裁裁决执行令提起上诉，但是可以提出撤销裁定的申请。如果撤销申请被驳回，那么仲裁裁决和执行令将立刻生效。但是，如果该法院拒绝签发执行令，申请人可以向司法与仲裁共同法院上诉。如果司法与仲裁共同法院审理以后，决定发出执行令，那么当事人就不能再提起任何程序。

除此之外，根据《仲裁统一法》的规定，那些根据统一法以外的规则做出的裁决，包括外国仲裁裁决，也可以根据《仲裁统一法》或者其他国际条约规定的条件得到承认和执行。

根据上述分析可以看出，非洲商法协调组织根据《共同法院仲裁规则》和《仲裁统一法》建立的双重仲裁制度都给予仲裁程序充分的优先权，就算纠纷已经提交法院审理，争议双方也可以通过协议将纠纷提交仲裁而排除法院的管辖。当事人可以约定仲裁的程序、仲裁过程中适用的实体法、仲裁裁决的制作程序和形式的权利，这些都充分体现了仲裁的内在价值，即尊重当事人自由选择，确保了当事人意思自治原则在仲裁制度的首要地位。

---

① 《仲裁统一法》第31条。1999年的《仲裁统一法》中规定仲裁裁决必须是法语制作的。2017年的《仲裁统一法》的第31条第3款将这条修改为，如果仲裁协议、仲裁裁决书等需要提交的材料不是以被请求签发执行令的法院所在地的成员国的国内官方语言制作的话，那么申请签发执行令的当事人必须把相关文件翻译成仲裁裁决被执行地的官方语言，然后由当地法院注册的翻译人员鉴定真伪。

② 《仲裁统一法》第31条。

另外，为了保持仲裁庭的独立性和公平性，在非洲商法协调组织仲裁制度的框架下，明确了仲裁庭的自裁管辖权原则、仲裁协议独立原则。同时，在临时保全制度方面打破了“法院专属”模式，而采取“法院和仲裁庭并存权力模式”，即司法与仲裁共同法院的仲裁庭也有权采用临时保全措施；仲裁裁决的承认和执行方面给予有管辖权的法院的自由裁量权也是很小的。而针对仲裁裁决的撤销权方面明确采用了国际公共政策的概念，从而减少法院、行政机关或其他组织对仲裁程序的干预，也提高了仲裁效率。由此可以看出，非洲商法协调组织的双重仲裁体系在吸收了国际上有关国际商事仲裁法律文件相关规定的基础上，又做了很多前瞻性的规定，表现了非洲商法协调组织为了推进非洲一体化所做的努力和勇气，很多具备时代性与先进性特点的规定也是值得中国仲裁制度学习和借鉴的，对赴非投资的中国企业在解决国际商事纠纷时具有参考和启示的价值。

附录一 《仲裁统一法》

非洲商法协调组织(OHADA)部长委员会,

——鉴于1993年10月17日于太子港签署《非洲商法协调条约》文本,并于2008年10月17日于加拿大魁北克修订了第8条、第21~26条、第39条;

——鉴于司法与仲裁共同法院2017年10月5日和6日的04/2017/AU号意见;

——审议后,经出席并参加表决的缔约国的一致投票通过《仲裁统一法》,其内容如下:

第一章 适用范围

第1条

本《仲裁统一法》旨在适用于仲裁庭所在地位于任一成员国国内的所有仲裁。

第2条

任何个人或法人实体都可以就其可自由处置的权利的事项提交仲裁。

不论合同的法律性质如何,国家、其他地区公共当局、公共机构和任何其他公共法律实体也可以成为仲裁的当事方,此类实体不能援引本国国内法中的规定,或称自己没有订立仲裁协议的能力,或仲裁协议是无效的来主张所涉争议不能提交仲裁。

第3条

仲裁可以基于仲裁协议或有关投资的法律文件,如投资法或双边或多边投资保护条约。

第3-1条

仲裁协议采取仲裁条款或仲裁议定书的形式做出。

仲裁条款是当事各方承诺将因合同关系可能产生或引起的争议提交仲裁机构仲裁的条款。

仲裁议定书是争端各方就已经产生的争议约定通过仲裁的方式解决的协议。

仲裁协议必须以书面形式或以任何可以证明其存在的证据的方式做出，特别是提及规定仲裁协议的文件。

第 4 条

仲裁协议独立于主合同。

仲裁协议的有效性并不受主合同无效的影响，仲裁所依据的法律可根据当事各方共同的意思表示进行解释，并不一定受主合同的准据法或某一特定国的国内法所支配。

即使某一国内法院已经受理了争议，当事人仍然有权通过互相协商达成一致意见后将该争议提交仲裁。

第二章　仲裁庭的组成

第 5 条

仲裁员只能由自然人担任。

仲裁员的人数可以是一名或者三名。如果当事人之间没有约定或者不能达成一致意见，仲裁庭由独任仲裁员组成。

第 6 条

仲裁员根据当事人的协议被任命、撤换或更换。

如果当事人已经任命了两名仲裁员，那么依据本《仲裁统一法》第 5 条第 2 款的规定，仲裁庭的第三名仲裁员由双方当事人通过协商共同任命。

在当事人不能达成一致时，仲裁庭的第三名仲裁员可以由已经选出的两名仲裁员指定，如果这两名仲裁员的意见也不能达成一致，将由成员国国内有管辖权的法院任命。同样地，如果因为回避、无资格、死亡、辞职或被辞退等原因需要重新任命仲裁员的时候，也应遵守上述程序。

如果当事人不能就任命程序达成一致意见，或者其规定得不够详尽，那么：

(a)在由三名仲裁员组成仲裁庭的情况下，每方当事人任命一名仲裁员，然后由被指定的两名仲裁员指定第三名仲裁员；如果一方当事人在收到另一方当事人的任命仲裁员的请求后的三十(30)日内未指定仲裁员，或者两名仲裁员在其被任命后的三十(30)日内不能就第三名仲裁员的人选达成一致意见，那么成员国国内有管辖权的法院应根据一方当事人的申请做出任命。

(b)仲裁庭由独任仲裁员组成的情况下，如果当事人无法就独任仲裁员的人选达成一致，一方当事人可以请求成员国有管辖权的法院指定独任仲裁员。

成员国国内有管辖权的法院应在收到任命仲裁员的申请后十五(15)日内做出任命决定，除非该成员国的国内法律规定了一个更短的期限。当事人不能就决定提出上诉。

第7条

接受任命的仲裁员必须通过任何可以留下书面证据的方式使各方当事人知晓其已经接受了任命。

仲裁员应承诺继续其使命直到任务结束，除非他可以证明阻碍其行使职能或弃权的合法原因或者辞职的充分理由。

仲裁员必须具有完全的民事行为能力，并且必须在仲裁过程中保持独立和公正。

所有仲裁员必须对于可能使任一方当事人对其公正性和独立性产生合理怀疑的相关情况进行充分的披露，只有在得到当事人各方一致和书面同意的情况下才能接受任命。自被任命之日起，在整个仲裁过程中，仲裁员应及时向当事人披露此类情况。

第8条

在对仲裁员的任命发生争议的情况下，如果当事人各方无法就回避程序达成一致意见，成员国国内有管辖权的法院应最迟在三十(30)日内在各方当事人和仲裁员的意见被充分听取或适当地召集后就回避程序做出裁定。如果有管辖权的国内法院没有在上述期限内做出裁定，那么在诉讼程序中最勤勉审慎行事的一方当事人可请求将回避的申请移交至司法与仲裁共同法院。

针对有管辖权的国内法院做出的驳回回避申请的决定,当事人只能向司法与仲裁共同法院提出上诉。

任何原因引起的回避申请都必须在该当事人发现应回避事由后不超过三十(30)日内提出。

仲裁员的回避申请只允许就仲裁员被任命后披露的相关情况提出。

当仲裁员的任期结束或仲裁员因任何其他原因回避时,除双方另有约定外,应依照任命被替换仲裁员时适用的规则来任命替代仲裁员。同样地,当各方当事人一致同意撤销仲裁员的任命,和在任何其他情况下仲裁员的任命终止也是如此。

第三章 仲裁程序

第 8 -1 条

在双方当事人有提请仲裁前先采取其他方式解决争议的协议存在的情况下,如果一方当事人要求按照约定先采取其他方式解决,仲裁庭应分析前置程序的遵循问题,必要时应协助完成这个仲裁前程序。

如果前置程序还未启动,仲裁庭在应其认为合适的时间内中止自己的程序,以便最勤勉审慎行事的一方当事人可以提起该仲裁前的相关程序。

如果前置程序确已启动,若有必要,仲裁庭可确认终止仲裁。

第 9 条

各当事各方应受到平等对待,应给予当事每一方充分的机会陈述案情。

第 10 条

当事人将争议提交某一仲裁机构仲裁的,视为同意适用该机构的仲裁规则,除非当事人明确排除某些规定并得到该仲裁机构的同意。

仲裁程序从一方当事人启动组建仲裁庭的程序之日起开始。

第 11 条

仲裁庭有自裁管辖权的权利,在与仲裁协议的存在或有效性有关的任何问题上做出裁决。

针对仲裁庭管辖权的异议应在就案件的实体问题进行答辩之前提出,除非该异议提出的事实依据在仲裁程序启动后才被发现。

仲裁庭可在一个裁决中就案件的实体问题和管辖权问题做出裁定,也可单独就其对该案件的管辖权问题做出部分裁定。在后一种情况下,有关管辖权的裁决可以立即进入撤销程序。

第 12 条

在仲裁协议中没有关于仲裁期限的相关约定的情况下,从最后一名仲裁员接受任命之日起,仲裁庭应在不超过六(6)个月的期限内做出裁决。法律规定的或者当事人约定的仲裁期限,可根据各方当事人的约定,或者在当事人一方或仲裁庭的要求下由成员国国内有管辖权的法院做出决定予以延长。

第 13 条

在当事人之间存在仲裁协议的情况下,当事人一方将该争议提交到某一国国内法院,如果另一方当事人对法院就该争议的管辖权提起异议,那么该法院必须宣布其对该争议无管辖权。

即使仲裁庭尚未受理或者当事人还没有提出任何的仲裁申请,国内司法机关也必须宣布对此争议无管辖权,除非仲裁协议明显无效或明显不适用于该争议。在这种情况下,国内有管辖权的法院必须在十五(15)日内就自己的管辖权问题做出最后的裁定。只有在符合司法与仲裁共同法院的程序规定的情况下,当事人才可就该裁定向该法院提起上诉。

但无论如何,国内法院不能在未经申请或者事先同意的情况下宣告自己无管辖权。

然而,即便存在仲裁协议,如果出现公认的合理的紧急情况,法院仍有权在一方当事人的请求下下令采取临时措施或保全措施,只要这些措施不涉及只有仲裁庭有审查权的争议的实体问题。

第 14 条

当事人可以直接约定仲裁规则或者援引某一仲裁机构的仲裁规则作为争议解决适用的仲裁程序规则。当事人也可以选择适用某一国家的程序法中的规则。

在当事人没有约定所适用的仲裁规则的情况下,仲裁庭可自行选择适用其认为合适的仲裁规则。

为了支持其诉求,当事人各方有义务提出合理的理由并提供证据证明各自的请求。

当事人各方在进行仲裁过程中应秉承迅速和审慎的原则采取行动,不得采取任何拖延措施。

如果,在没有合法的理由的情况下:

(a)申请人不陈述自己的申请,仲裁庭可终止仲裁程序;

(b)被申请人不提交答辩,仲裁庭应继续仲裁程序,但是,并不能就此认为被告接受了申请人的所有申请;

(c)一方当事人未出庭或未提交相应的材料,仲裁庭可继续仲裁程序,并根据其已经掌握的证据做出裁定。

仲裁庭可要求当事人对事实做出解释,并以任何法律允许的形式向仲裁庭提交仲裁庭认为解决争议所必需的证据。

仲裁庭不能在判决中援引当事人各方提交但未经过双方讨论的论点、解释说明或援引的文件。

仲裁庭不得在没有征求各方当事人意见的情况下,以自行确定的证据为依据做出判决。

如司法机关的帮助对于证据的收集是必要的,那么仲裁法院可以自行或依申请要求成员国的有职权的法院的协助。

当事人在知情的情况下,无延迟地放弃援引违规行为并继续进行仲裁的,将被视为放弃援引违规行为的权利。

同样地,仲裁庭有权裁定任何有关核实文书真实性或伪造与否的附加索赔,除非当事人另有约定。

必要时,仲裁庭通过询问当事人意见或者应当事人请求,可以指定一名或者多名专家负责就其确定的问题出具报告,并在庭审的时候予以聆讯。

仲裁庭还可应任一方当事人的申请下令采取临时措施或保全措施,但是临时扣押和司法鉴定措施的启动属于国内权限范围的除外。

第 15 条

仲裁庭根据当事人选择的法律规则就案件的实体问题做出裁决。在当事各方没有选择适用的规则的情况下,仲裁庭应选择适用其认为最适当的法律规则,必要时,应适用国际贸易规则。

在当事人授权的情况下,仲裁庭也可以作为友好调解人来解决争议。

第 16 条

仲裁程序因最终裁决的做出而结束。

仲裁程序也可能由于终结令的下达而结束。

仲裁庭在下列情况下可下达终结令:

(a)仲裁申请人撤回其申请,除非被申请人提出异议,并且仲裁庭认为争议的最终解决有利于维护合法利益;

(b)各方当事人协商同意结束仲裁程序;

(c)由于任何其他原因,仲裁庭认为继续仲裁程序已没有必要或者已经不可能;

(d)仲裁最初的或者延长后的期限已过;

(e)请求、权利的放弃或交易已经被承认。

第 17 条

仲裁庭应确定审议案件的日期。

在此日期之后,任何请求或论据都不能再提交。

除非应仲裁庭明示且书面的要求,任何意见书或者文件都不能再提交。

第 18 条

仲裁庭合议必须是以秘密方式进行的。

第四章 仲裁裁决

第 19 条

仲裁裁决应根据当事人约定的程序和形式做出的。

在没有这种协议的情况下,当仲裁庭由三名仲裁员组成时,仲裁裁决以仲裁员多数意见做出。

如果当事人在仲裁过程中达成和解，其可以要求仲裁庭根据约定的形式做出仲裁裁决。以这种形式做出的仲裁裁决与终止仲裁程序的其他任何形式的裁决具有相同的效力。

第 20 条

除仲裁裁决的主文部分外，仲裁裁决还必须包含以下内容：

(a)做出仲裁裁决的仲裁员的姓名；

(b)做出仲裁裁决的日期；

(c)仲裁庭所在地；

(d)当事人各方的姓氏、名字和商号，以及其住址或总部所在地；

(e)必要时，代表或者协助当事人的顾问或任何其他代理人的姓氏和名字；

(f)简要说明当事人各方的请求、抗辩和论点以及仲裁进程。

仲裁裁决必须注明其依据的理由。

如果在当事人授权的情况下，仲裁庭作为友好调解人予以解决争议，也必须在仲裁裁决中提及。

第 21 条

仲裁裁决应由仲裁员签署。

然而，若其中少数仲裁员拒绝签字，则必须在仲裁协议中注明原因，裁决的效果与所有仲裁员都签署时一致。

第 22 条

仲裁裁决做出后，仲裁庭就不再对仲裁所涉争议具有管辖权。

然而，仲裁庭仍有权解释其做出的裁决或纠正对裁决有实质性影响的错误或者疏漏。

如果仲裁庭没有就当事人的某一项请求做出裁决，它可以做出补充裁决。

在上面提及的两种情况下，当事人必须在收到仲裁裁决通知后三十(30)日内提出申请。仲裁庭应在四十五(45)日内做出裁定。

如果仲裁庭不能重新组成，则当事人有权申请成员国国内有管辖权的法院对上述申请做出处理。

第 23 条

仲裁裁决一经做出,就对其所涉及的争议具有既判力。

第 24 条

如果当事人申请临时执行措施,仲裁庭可以批准或者拒绝该申请,但均需说明理由。

第五章　仲裁裁决的救济

第 25 条

当事人不能对仲裁裁决提出任何异议,或基于事实或法律理由提出上诉。

当事人可向成员国国内有管辖权的法院申请撤销某一仲裁裁决。

然而,在仲裁裁决不违反国际公共秩序的前提下,当事各方可以约定放弃申请撤销仲裁裁决的权利。

如果当事人对成员国国内有管辖权的法院做出的撤销某一仲裁裁决的裁定有异议,可以上诉到司法与仲裁共同法院。

任何没有参与仲裁程序的第三人认为仲裁裁决侵害了其权利,可以向成员国国内有管辖权的法院提出异议。

若在仲裁裁决做出后一方当事人发现了在仲裁裁决做出前,仲裁庭及申请复审的当事人均不知悉且可能对裁决结果产生决定性影响的事实,那么该当事人有权请求仲裁庭对裁决进行重审。当仲裁庭不能重新组成的时候,当事人可以申请成员国国内有管辖权的法院对该裁决进行复审。

第 26 条

当事人可以提出撤销仲裁裁决的理由包括:

(a)仲裁庭在不存在仲裁协议或者仲裁协议无效或已过期的情况下做出裁决;

(b)仲裁庭组成不当或独任仲裁员任命不当;

(c)仲裁庭裁定的做出未遵守赋予其的相关授权;

(d)对等抗辩的原则没有得到应有的尊重;

(e)仲裁裁决违反国际公共秩序;

(f)仲裁裁决中没有说明推理过程或裁决理由。

第 27 条

仲裁裁决一旦做出,申请撤销该仲裁裁决的请求即可被受理。当事人收到裁决通知后应在一个月内提出撤销请求,在这个期限后针对附有仲裁裁决执行令的撤销请求将不再被受理。

成员国国内有管辖权的法院应在受理该撤销请求后的三(3)个月内做出裁定。如果该法院在此期间未做出裁定,则该法院失去管辖权。此后当事人可在该期限届满后的十五(15)日内向司法与仲裁共同法院提交撤销申请。后者必须在受理该请求后最长六(6)个月内做出裁定。在该情形下,《司法与仲裁共同法院仲裁规则》规定的相关期限均减半计。

第 28 条

除非仲裁庭已下达了临时执行仲裁裁决的命令,撤销仲裁裁决的请求将中止该裁决的执行,直到成员国国内有管辖权的法院或司法与仲裁共同法院(视情况而定)做出裁定。

该等法院还有权对临时执行仲裁裁决而产生的争议予以裁判。

第 29 条

在仲裁裁决被撤销的情况下,除了该撤销裁定是基于仲裁庭在没有仲裁协议或仲裁协议无效或过期的情况下做出的之外,最勤勉审慎行事的一方当事人有权(若其愿意)根据本《仲裁统一法》启动新的仲裁程序。

第六章　仲裁裁决的承认和执行

第 30 条

只有附有成员国国内有管辖权的法院做出的仲裁裁决执行令的仲裁裁决才能被强制执行。

第 31 条

仲裁裁决的承认和执行推定了依赖仲裁裁决的当事人确认仲裁裁决的存在。

为了使仲裁裁决得以承认和执行,当事人应向法院提交仲裁裁决书及仲裁协议的原件或满足证明其真实性条件的这些文件的副本。

如果这些文件不是以被申请发出执行令的成员国的官方语言撰写的,那么当事人须把上述文件翻译成该国的官方语言并经有权限法院注册的翻译人员证实副本与原件一致才可提交。

如果仲裁裁决明显违反国际公共政策规则,则该裁决可被拒绝承认和执行。

成员国国内有管辖权的法院应在收到承认或执行仲裁裁决的申请后的十五(15)日内做出裁定。如果超过这个限期,法院还没有下达命令,则视为该法院已经批准签发执行令。

如果成员国国内有管辖权的法院已同意执行令或像上述情况在收到申请的十五(15)日内未做出裁定的情况下,申请执行的一方当事人可以向该法院的书记官或成员国有管辖权的政府申请在执行令盖章,仲裁裁决随后就可得到执行。与申请仲裁裁决执行令相关的程序无法提出异议。

第 32 条

拒绝执行仲裁裁决的决定只能向司法与仲裁共同法院提出上诉。

批准下达执行令的决定不能上诉。

然而,撤销仲裁裁决的上诉的启动可自动中止成员国国内法院下发的执行令。

第 33 条

撤销仲裁裁决的请求被驳回后,仲裁裁决及批准执行令的决定立即生效。

第 34 条

如果仲裁裁决不是根据本《仲裁统一法》做出的,那么该裁决的承认和执行应根据可适用的国际公约的规则执行,如果两国之间没有签订相关的国际公约,仲裁裁决的承认和执行则应按照本《仲裁统一法》进行。

第七章 最后规定

第 35 条

本《仲裁统一法》作为成员国仲裁法。

它仅适用于根据生效的仲裁协议启动的仲裁程序。

第 36 条

本《仲裁统一法》的生效废除了 1999 年 3 月 11 日的《仲裁统一法》，将在《仲裁统一法》通过后六十(60)日内在非洲商法协调组织的官方公报上予以公布。它也将在各成员国的官方公报上予以公布。

它将于在非洲商法协调组织的官方公报上公布九十(90)日后生效。

科纳克里，2017 年 11 月 23 日

附录二　ACTE UNIFORME RELATIF AU DROIT DE L'ARBITRAGE*

Le Conseil des Ministres de l'Organisation pour l'Harmonisation en Afrique du Droit des Affaires (OHADA),

– Vu le Traité relatif à l'Harmonisation du Droit des Affaires en Afrique, signé le 17 octobre 1993 à Port-Louis, tel que révisé le 17 octobre 2008 à Québec, notamment en ses articles 8, 21 à 26 et 39;

– Vu l'avis n ° 04/2017/AU en date des 05 et 06 octobre 2017 de la Cour Commune de Justice et d'Arbitrage;

– Après en avoir délibéré; Adopte, à l'unanimité des États Parties présents et votants, l'Acte uniforme dont la teneur suit:

CHAPITRE 1: CHAMP D'APPLICATION

Article premier

Le présent Acte uniforme a vocation à s'appliquer à tout arbitrage lorsque le siège du tribunal arbitral se trouve dans l'un des États Parties.

Article 2

Toute personne physique ou morale peut recourir à l'arbitrage sur les droits dont elle a la libre disposition.

Les États, les autres collectivités publiques territoriales, les établissements

---

* L'ORGANISATION POUR L'HARMONISATION EN AFRIQUE DU DROIT DES AFFAIRES (OHADA).

publics et toute autre personne morale de droit public peuvent également être parties à un arbitrage, quelle que soit la nature juridique du contrat, sans pouvoir invoquer leur propre droit pour contester l'arbitrabilité d'un différend, leur capacité à compromettre ou la validité de la convention d'arbitrage.

Article 3

L'arbitrage peut être fondé sur une convention d'arbitrage ou sur un instrument relatif aux investissements, notamment un code des investissements ou un traité bilatéral ou multilatéral relatif aux investissements.

Article 3 – 1

La convention d'arbitrage prend la forme d'une clause compromissoire ou d'un compromis.

La clause compromissoire est la convention par laquelle les parties s'engagent à soumettre à l'arbitrage les différends pouvant naître ou résulter d'un rapport d'ordre contractuel.

Le compromis est la convention par laquelle les parties à un différend déjà né conviennent de le régler par la voie de l'arbitrage.

La convention d'arbitrage doit être faite par écrit ou par tout autre moyen permettant d'en administrer la preuve, notamment par la référence faite à un document la stipulant.

Article 4

La convention d'arbitrage est indépendante du contrat principal.

Sa validité n'est pas affectée par la nullité de ce contrat et elle est appréciée d'après la commune volonté des parties, sans référence nécessaire à un droit étatique.

Les parties ont toujours la faculté, d'un commun accord, de recourir à l'arbitrage, même lorsqu'une instance a déjà été engagée devant une juridiction étatique.

CHAPITRE 2: CONSTITUTION DU TRIBUNAL ARBITRAL

Article 5

La mission d'arbitre ne peut être confiée qu'à une personne physique.

Le tribunal arbitral est constitué soit d'un seul arbitre, soit de trois arbitres. À défaut d'accord entre les parties, le tribunal arbitral est constitué d'un arbitre unique.

Article 6

Les arbitres sont nommés, révoqués ou remplacés conformément à la convention des parties.

Lorsque les parties ont prévu la désignation de deux arbitres nonobstant les dispositions de l'article 5 alinéa 2 du présent Acte uniforme, le tribunal arbitral est complété par un troisième arbitre choisi par les parties d'un commun accord.

En l'absence d'accord, le tribunal arbitral est complété par les arbitres désignés ou, à défaut d'accord entre ces derniers, par la juridiction compétente dans l'État Partie. Il en est de même en cas de nomination rendue nécessaire pour cause de récusation, d'incapacité, de décès, de démission ou de révocation d'un arbitre.

À défaut d'accord des parties sur la procédure de nomination ou si leurs stipulations sont insuffisantes:

a) en cas d'arbitrage par trois arbitres, chaque partie nomme un arbitre et les deux arbitres ainsi nommés choisissent le troisième arbitre; si une partie ne nomme pas un arbitre dans un délai de trente (30) jours à compter de la réception d'une demande à cette fin émanant de l'autre partie ou si les deux arbitres ne s'accordent pas sur le choix du troisième arbitre dans un délai de trente (30) jours à compter de leur désignation, la nomination est effectuée, sur la demande d'une partie, par la juridiction compétente dans l'État Partie;

b) en cas d'arbitrage par un arbitre unique, si les parties ne peuvent s'accorder sur le choix de l'arbitre, celui-ci est nommé, sur la demande d'une partie, par la juridiction compétente dans l'État Partie.

La décision de nomination d'un arbitre par la juridiction compétente intervient dans un délai de quinze (15) jours à compter de sa saisine, à moins que la législation de l'État Partie ne prévoie un délai plus court. Cette décision n'est susceptible d'aucun recours.

Article 7

L'arbitre qui accepte sa mission doit porter cette acceptation à la connaissance des parties par tout moyen laissant trace écrite.

L'arbitre s'engage à poursuivre sa mission jusqu'au terme de celle-ci à moins qu'il justifie d'un empêchement ou d'une cause légitime d'abstention ou de démission.

L'arbitre doit avoir le plein exercice de ses droits civils et demeurer indépendant et impartial vis-à-vis des parties.

Tout arbitre pressenti informe les parties de toute circonstance de nature à créer dans leur esprit un doute légitime sur son indépendance et son impartialité et ne peut accepter sa mission qu'avec leur accord unanime et écrit.

À partir de la date de sa nomination et durant toute la procédure arbitrale, l'arbitre signale sans tarder de telles circonstances aux parties.

Article 8

En cas de différend, et si les parties n'ont pas réglé la procédure de récusation, la juridiction compétente dans l'État Partie statue au plus tard dans un délai de trente (30) jours sur la récusation, les parties et l'arbitre entendus ou dûment appelés. Faute pour la juridiction compétente d'avoir statué dans le délai ci-dessus indiqué, elle est dessaisie et la demande de récusation peut être portée devant la Cour Commune de Justice et d'Arbitrage par la partie la plus diligente.

La décision de la juridiction compétente rejetant la demande de récusation n'est susceptible que de pourvoi devant la Cour Commune de Justice et d'Arbitrage.

Toute cause de récusation doit être soulevée dans un délai n'excédant pas trente (30) jours à compter de la découverte du fait ayant motivé la récusation par la partie qui entend s'en prévaloir.

La récusation d'un arbitre n'est admise que pour une cause révélée après sa nomination. Lorsqu'il est mis fin au mandat d'un arbitre ou lorsque celui-ci se déporte pour toute autre raison, un arbitre remplaçant est nommé conformément aux règles applicables à la nomination de l'arbitre remplacé, sauf convention contraire des parties. Il en est de même lorsque le mandat de l'arbitre est révoqué par accord des parties et dans tout autre cas où il est mis fin à son mandat.

CHAPITRE 3: L'INSTANCE ARBITRALE

Article 8 – 1

En présence d'une convention imposant aux parties de suivre une étape de résolution du différend préalable à l'arbitrage, le tribunal examine la question du respect de l'étape préalable si l'une des parties en fait la demande et renvoie, le cas échéant, à l'accomplissement de l'étape préalable.

Si l'étape préalable n'a pas été engagée, le tribunal arbitral suspend la procédure pendant un délai qu'il estime convenable, afin de permettre à la partie la plus diligente de mettre en œuvre cette étape.

Si l'étape préalable a effectivement été engagée, le tribunal arbitral constate, le cas échéant, son échec.

Article 9

Les parties doivent être traitées sur un pied d'égalité et chaque partie doit avoir toute possibilité de faire valoir ses droits.

Article 10

Le fait pour les parties de s'en remettre à un organisme d'arbitrage les engage à appliquer le Règlement d'arbitrage de cet organisme, sauf pour les parties à en écarter expressément certaines dispositions, en accord avec ledit organisme.

La procédure arbitrale commence à la date à laquelle l'une des parties engage la procédure de constitution du tribunal arbitral.

Article 11

Le tribunal arbitral est seul compétent pour statuer sur sa propre compétence, y compris sur toutes questions relatives à l'existence ou à la validité de la convention d'arbitrage.

L'exception d'incompétence doit être soulevée avant toute défense au fond, sauf si les faits sur lesquels elle est fondée ont été révélés ultérieurement.

Le tribunal arbitral peut statuer sur sa propre compétence dans la sentence au fond ou dans une sentence partielle sujette au recours en annulation.

Article 12

Si la convention d'arbitrage ne fixe pas de délai, la mission du tribunal arbitral ne peut excéder six (06) mois à compter du jour où le dernier des arbitres l'a acceptée.

Le délai d'arbitrage, légal ou conventionnel, peut être prorogé, soit par accord des parties, soit à la demande de l'une d'elles ou du tribunal arbitral, par la juridiction compétente dans l'État Partie.

Article 13

Lorsqu'un différend faisant l'objet d'une procédure arbitrale en vertu d'une convention d'arbitrage est porté devant une juridiction étatique, celle-ci doit, si l'une des parties en fait la demande, se déclarer incompétente.

Si le tribunal arbitral n'est pas encore saisi ou si aucune demande d'arbitrage n'a été formulée, la juridiction étatique doit également se déclarer incompétente à moins que la convention d'arbitrage ne soit manifestement nulle ou manifestement inapplicable à l'espèce. Dans ce cas, la juridiction étatique compétente statue sur sa compétence en dernier ressort dans un délai maximum de quinze (15) jours.

Sa décision ne peut faire l'objet que d'un pourvoi en cassation devant la Cour Commune de Justice et d'Arbitrage dans les conditions prévues par son règlement de procédure.

En tout état de cause, la juridiction étatique ne peut relever d'office son incompétence.

Toutefois, l'existence d'une convention d'arbitrage ne fait pas obstacle à ce qu'à la demande d'une partie, une juridiction étatique, en cas d'urgence reconnue et motivée, ordonne des mesures provisoires ou conservatoires dès lors que ces mesures n'impliquent pas un examen du différend au fond pour lequel seul le tribunal arbitral est compétent.

Article 14

Les parties peuvent, directement ou par référence à un règlement d'arbitrage, régler la procédure arbitrale. Elles peuvent aussi soumettre celle-ci à la loi de procédure de leur choix.

Faute d'une telle convention, le tribunal arbitral peut procéder à l'arbitrage comme il le juge approprié.

A l'appui de leurs prétentions, les parties ont la charge d'alléguer et prouver les faits propres à les fonder.

Les parties agissent avec célérité et loyauté dans la conduite de la procédure et s'abstiennent de toutes mesures dilatoires.

Si, sans invoquer de motif légitime:

a) le demandeur ne présente pas sa demande, le tribunal arbitral met fin à la procédure arbitrale;

b) le défendeur ne présente pas sa défense, le tribunal arbitral poursuit la procédure arbitrale sans toutefois considérer ce défaut en soi comme une acceptation des allégations du demandeur;

c) l'une des parties omet de comparaître à l'audience ou de produire des documents, le tribunal arbitral peut poursuivre la procédure et statuer sur la base des éléments de preuve dont il dispose.

Le tribunal arbitral peut inviter les parties à lui fournir des explications de fait et à lui présenter, par tout moyen légalement admissible, les preuves qu'il estime nécessaires à la solution du différend.

Il ne peut retenir dans sa décision les moyens, explications ou documents invoqués ou produits par les parties que si celles-ci ont été à même d'en débattre contradictoirement. Il ne peut fonder sa décision sur les moyens qu'il aurait relevés d'office sans avoir au préalable invité les parties à présenter leurs observations.

Si l'aide des autorités judiciaires est nécessaire à l'administration de la preuve, le tribunal arbitral peut, d'office ou sur requête, solliciter le concours de la juridiction compétente dans l'État Partie.

La partie qui, en connaissance de cause, s'abstient d'invoquer sans délai une irrégularité et poursuit l'arbitrage est réputée avoir renoncé à s'en prévaloir. Le tribunal arbitral, sauf volonté contraire des parties, dispose également du pouvoir de trancher tout incident de vérification d'écritures ou de faux. En cas de besoin, le tribunal arbitral peut, après consultation des parties ou à leur demande, nommer un ou plusieurs experts chargés de lui faire rapport sur les points qu'il détermine et entendre ces derniers à l'audience.

Le tribunal arbitral peut également, à la demande de l'une ou l'autre partie, prononcer des mesures provisoires ou conservatoires à l'exclusion des saisies conservatoires et des sûretés judiciaires qui restent de la compétence des juridictions étatiques.

Article 15

Le tribunal arbitral tranche le fond du différend conformément aux règles de droit choisies par les parties. À défaut de choix par les parties, le tribunal arbitral applique les règles de droit qu'il estime les plus appropriées en tenant compte, le cas échéant, des usages du commerce international.

Il peut également statuer en amiable compositeur lorsque les parties lui ont conféré ce pouvoir.

Article 16

La procédure arbitrale s'achève par le prononcé d'une sentence définitive. Elle prend également fin par une ordonnance de clôture. Le tribunal arbitral prend une ordonnance de clôture lorsque

a) le demandeur retire sa demande, à moins que le défendeur ne s'y oppose et que le tribunal arbitral reconnaisse qu'il a légitimement intérêt à ce que le différend soit définitivement réglé;

b) les parties conviennent de clore la procédure;

c) le tribunal arbitral constate que la poursuite de la procédure est, pour toute autre raison, devenue superflue ou impossible;

d) le délai d'arbitrage initial ou prorogé a expiré;

e) il y a acquiescement à la demande, désistement ou transaction.

Article 17

Le tribunal arbitral fixe la date à laquelle l'affaire sera mise en délibéré.

Après cette date, aucune demande ne peut être formée ni aucun moyen soulevé.

Aucune observation ne peut être présentée, ni aucune pièce produite si ce n'est à la demande expresse et par écrit du tribunal arbitral.

Article 18

Les délibérations du tribunal arbitral sont secrètes.

CHAPITRE 4: LA SENTENCE ARBITRALE

Article 19

La sentence arbitrale est rendue selon la procédure et les formes convenues par les parties.

À défaut d'une telle convention, la sentence est rendue à la majorité des voix lorsque le tribunal est composé de trois arbitres.

Si les parties se mettent d'accord au cours de la procédure arbitrale, elles peuvent demander au tribunal arbitral que cet accord soit constaté en la forme d'une sentence rendue d'accord parties. Cette sentence a le même statut et produit les mêmes effets que toute autre sentence mettant fin au différend.

Article 20

Outre le dispositif, la sentence arbitrale doit contenir l'indication

a) des nom et prénoms du ou des arbitres qui l'ont rendue;

b) de sa date;

c) du siège du tribunal arbitral;

d) des nom, prénoms et dénomination des parties, ainsi que leur domicile ou siège social;

e) le cas échéant, des nom et prénoms des conseils ou de toute personne ayant représenté ou assisté les parties;

f) de l'exposé des prétentions respectives des parties, de leurs moyens ainsi que des étapes de la procédure.

La sentence arbitrale doit être motivée.

Si le tribunal arbitral a reçu des parties le pouvoir de statuer en amiable compositeur, mention en est faite.

Article 21

La sentence arbitrale est signée par le ou les arbitres.

Toutefois, si une minorité d'entre eux refuse de la signer, il doit en être fait mention et la sentence a le même effet que si elle avait été signée par tous les arbitres.

Article 22

La sentence dessaisit le tribunal arbitral du différend.

Le tribunal arbitral a néanmoins le pouvoir d'interpréter la sentence ou de rectifier les erreurs et omissions matérielles qui l'affectent.

Lorsqu'il a omis de statuer sur un chef de demande, il peut le faire par une sentence additionnelle.

Dans l'un ou l'autre cas susvisé, la requête doit être formulée dans le délai de trente (30) jours à compter de la notification de la sentence. Le tribunal arbitral dispose d'un délai de quarante-cinq (45) jours pour statuer.

Si le tribunal arbitral ne peut à nouveau être réuni, il appartient à la juridiction compétente dans l'État Partie de statuer.

Article 23

La sentence arbitrale a, dès qu'elle est rendue, l'autorité de la chose jugée relativement à la contestation qu'elle tranche.

Article 24

Le tribunal arbitral peut, si l'exécution provisoire de la sentence arbitrale a été sollicitée, l'accorder ou la refuser par décision motivée.

CHAPITRE 5: RECOURS CONTRE LA SENTENCE ARBITRALE

Article 25

La sentence arbitrale n'est pas susceptible d'opposition, d'appel ni de pourvoi en cassation.

Elle peut faire l'objet d'un recours en annulation qui doit être porté devant la juridiction compétente dans l'État Partie.

Toutefois, les parties peuvent convenir de renoncer au recours en annulation de la sentence arbitrale à la condition que celle-ci ne soit pas contraire à l'ordre public international.

La décision de la juridiction compétente dans l'État Partie sur le recours en annulation n'est susceptible que de pourvoi en cassation devant la Cour Commune de Justice et d'Arbitrage.

La sentence arbitrale peut faire l'objet d'une tierce opposition par toute personne devant la juridiction de l'État Partie qui eût été compétente à défaut d'arbitrage et lorsque cette sentence préjudicie à ses droits.

Elle peut également faire l'objet d'un recours en révision devant le tribunal arbitral en raison de la découverte d'un fait de nature à exercer sur la solution du différend une influence décisive et qui, avant le prononcé de la sentence, était inconnu du tribunal arbitral et de la partie qui demande la révision. Lorsque le tribunal arbitral ne peut plus être réuni, le recours en révision est porté devant la juridiction de l'État Partie qui eût compétente à défaut d'arbitrage.

Article 26

Le recours en annulation n'est recevable que

a) si le tribunal arbitral a statué sans convention d'arbitrage ou sur une convention nulle ou expirée;

b) si le tribunal arbitral a été irrégulièrement composé ou l'arbitre unique irrégulièrement désigné;

c) si le tribunal arbitral a statué sans se conformer à la mission qui lui a été confiée;

d) si le principe du contradictoire n'a pas été respecté;

e) si la sentence arbitrale est contraire à l'ordre public international;

f) si la sentence arbitrale est dépourvue de toute motivation.

Article 27

Le recours en annulation est recevable dès le prononcé de la sentence. Il cesse de l'être s'il n'a pas été exercé dans le mois de la signification de la sentence munie de l'exequatur.

La juridiction compétente statue dans les trois (03) mois de sa saisine. Lorsque ladite juridiction n'a pas statué dans ce délai, elle est dessaisie et le recours peut être porté devant la Cour Commune de Justice et d'Arbitrage dans les quinze (15) jours suivants. Celle-ci doit statuer dans un délai maximum de six (06) mois à compter de sa saisine. Dans ce cas, les délais prévus par le

Règlement de procédure de la Cour Commune de Justice et d'Arbitrage sont réduits de moitié.

Article 28

Sauf si l'exécution provisoire de la sentence a été ordonnée par le tribunal arbitral, l'exercice du recours en annulation suspend l'exécution de la sentence arbitrale jusqu'à ce que la juridiction compétente dans l'État Partie ou la Cour Commune de Justice et d'Arbitrage, selon le cas, ait statué.

Cette juridiction est également compétente pour statuer sur le contentieux de l'exécution provisoire.

Article 29

En cas d'annulation de la sentence arbitrale et sauf lorsque ladite annulation est fondée sur le fait que le tribunal arbitral a statué sans convention d'arbitrage ou sur une convention nulle ou expirée, il appartient à la partie la plus diligente d'engager, si elle le souhaite, une nouvelle procédure arbitrale, conformément au présent Acte uniforme.

CHAPITRE 6: RECONNAISSANCE ET EXÉCUTION DES SENTENCES ARBITRALES

Article 30

La sentence arbitrale n'est susceptible d'exécution forcée qu'en vertu d'une décision d'exequatur rendue par la juridiction compétente dans l'État Partie.

Article 31

La reconnaissance et l'exequatur de la sentence arbitrale supposent que la partie qui s'en prévaut établisse l'existence de la sentence arbitrale.

L'existence de la sentence arbitrale est établie par la production de l'original accompagné de la convention d'arbitrage ou des copies de ces documents réunissant les conditions requises pour leur authenticité.

Si ces pièces ne sont pas rédigées dans la ou les langue(s) officielle(s) de l'État Partie où l'exequatur est demandé, la partie doit en produire une traduction certifiée par un traducteur inscrit sur la liste des experts établie par les juridictions compétentes.

La reconnaissance et l'exequatur sont refusés si la sentence est manifestement contraire à une règle d'ordre public international.

La juridiction étatique, saisie d'une requête en reconnaissance ou en exequatur, statue dans un délai qui ne saurait excéder quinze (15) jours à compter de sa saisine. Si à l'expiration de ce délai, la juridiction n'a pas rendu son ordonnance, l'exequatur est réputé avoir été accordé.

Lorsque l'exequatur est accordé, ou en cas de silence de la juridiction saisie de la requête en exequatur dans le délai de quinze (15) jours comme indiqué ci-dessus, la partie la plus diligente saisit le Greffier en chef ou l'autorité compétente de l'État Partie pour apposition de la formule exécutoire sur la minute de la sentence. La procédure relative à la demande d'exequatur n'est pas contradictoire.

Article 32

La décision qui refuse l'exequatur n'est susceptible que de pourvoi en cassation devant la Cour Commune de Justice et d'Arbitrage.

La décision qui accorde l'exequatur n'est susceptible d'aucun recours.

Toutefois, le recours en annulation de la sentence emporte, de plein droit, dans les limites de la saisine de la juridiction compétente de l'État Partie, recours contre la décision ayant accordé l'exequatur.

Article 33

Le rejet du recours en annulation emporte, de plein droit, validité de la sentence arbitrale ainsi que de la décision ayant accordé l'exequatur.

Article 34

Les sentences arbitrales rendues sur le fondement de règles différentes de celles prévues par le présent Acte uniforme sont reconnues dans les États Parties, dans les conditions prévues par les conventions internationales éventuellement applicables et, à défaut, dans les mêmes conditions que celles prévues par les dispositions du présent Acte uniforme.

CHAPITRE 7: DISPOSITIONS FINALES

Article 35

Le présent Acte uniforme tient lieu de loi relative à l'arbitrage dans les États Parties.

Il n'est applicable qu'aux procédures arbitrales commencées après son entrée en vigueur.

Article 36

Le présent Acte uniforme, qui abroge l'Acte uniforme du 11 mars 1999 relatif au droit de l'arbitrage, sera publié au Journal Officiel de l'OHADA dans un délai de soixante (60) jours à compter de son adoption. Il sera également publié au Journal Officiel des États Parties.

Il entre en vigueur quatre-vingt-dix (90) jours à compter de sa publication au Journal Officiel de l'OHADA.

Fait à Conakry, le 23 novembre 2017.

附录三　UNIFORM ACT ON ARBITRATION

The Council of Ministers of the Organization for the Harmonization of Business Law in Africa (OHADA),

– Having regard to the Treaty for the Harmonization of Business Law in Africa, signed on 17 October 1993 in Port Louis, as amended on 17 October 2008 in Quebec, in particular its articles 8, 21, 26 and 39;

– Having regard to opinion No. 04/2017/AU dated 5 and 6 October 2017 of the Common Court of Justice and Arbitration;

– After deliberation, adopts by unanimous vote of the Member States present, the Uniform Act set out below:

CHAPTER 1: SCOPE OF APPLICATION

ARTICLE 1

This Uniform Act shall be applicable to any arbitration when the seat of the arbitral tribunal is located in one of the Member States.

ARTICLE 2

Any natural or legal person may resort to arbitration with respect to any rights on which she has the free disposal.

States, other public territorial bodies, public entities and any other legal person under public law may also be a party to an arbitration, regardless of the legal nature of the contact, without being able to invoke their own laws to object to the arbitrability of the dispute, to their capacity to submit to arbitration or to the validity of the arbitration agreement.

ARTICLE 3

An arbitration may be based on an arbitration agreement or on an instrument regarding an investment, in particular an investment code or a bilateral or multilateral investment treaty.

ARTICLE 3 – 1

The arbitration agreement may be in the form of an arbitration clause or of a submission agreement.

The arbitration clause is an agreement whereby the parties agree to submit to arbitration disputes which may arise out of or result from a contractual relationship.

The submission agreement is an agreement whereby the parties to an existing dispute agree to settle it through arbitration.

The arbitration agreement must be made in writing, or in any other form evidencing its existence, in particular, by reference to a document containing the agreement.

ARTICLE 4

The arbitration agreement shall be independent from the main contract.

Its validity shall not be affected by the nullity of the contract, and it shall be interpreted in accordance with the common intention of the parties, without reference to a national law.

In any case, the parties may, by mutual agreement, resort to arbitration, even when proceedings are already pending before a state jurisdiction.

CHAPTER 2: CONSTITUTION OF THE ARBITRAL TRIBUNAL

ARTICLE 5

The duties of an arbitrator may only be performed by a natural person.

The arbitral tribunal shall be composed of a sole arbitrator or of three arbitrators. Absent agreement of the parties, the arbitral tribunal shall be composed of a sole arbitrator.

ARTICLE 6

Arbitrators shall be appointed, revoked or replaced pursuant to the parties' agreement.

When the parties have agreed to appoint two arbitrators despite the provisions of Article 5, paragraph 2 of this Uniform Act, the arbitral tribunal shall be completed by a third arbitrator mutually chosen by the parties.

Absent any such agreement, the arbitral tribunal shall be completed by the appointed arbitrators, or, absent any agreement between them, the competent jurisdiction in the Member State.

The same procedure shall be followed if an arbitrator is challenged, becomes incapacitated, dies, resigns or is revoked.

Absent agreement between the parties on the appointment procedure, or in the event that their agreement is insufficient:

a) in case of an arbitration with three arbitrators, each party shall appoint one arbitrator, and the two arbitrators so appointed shall appoint the third arbitrator; if one party fails to appoint an arbitrator within thirty (30) days of the receipt of the request for arbitration from the other party, or if the two arbitrators fail to agree on the third arbitrator within thirty days (30) of their appointment, the appointment shall be made, upon the request of one party, by the competent jurisdiction in the Member State;

b) in case of an arbitration with a sole arbitrator, if the parties are unable to agree on the choice of the arbitrator, the latter shall be appointed, upon the request of one party, by the competent jurisdiction in the Member State.

The decision to appoint an arbitrator by the competent jurisdiction shall be made within fifteen (15) days from when it was seized, unless the laws of a Member State foresee a shorter time period. This decision shall be subject to no appeal.

ARTICLE 7

The arbitrator who accepts his mandate shall communicate his acceptance to the parties by any means in writing.

The arbitrator undertakes to complete his mandate until the end, unless he justifies of an impediment or legitimate reason for abstention or resignation.

The arbitrator shall enjoy full exercise of his civil rights and shall remain independent and impartial vis-à-vis the parties.

Any prospective arbitrator shall inform the parties of any circumstance likely to create in their minds a legitimate doubt about his independence and impartiality, and may only accept his appointment with their unanimous and written consent.

From the date of his appointment and during the course of the proceedings, the arbitrator shall reveal any such circumstances to the parties.

ARTICLE 8

In case of disagreement, and if the parties have not agreed on the challenge procedure, the competent jurisdiction in the Member State shall decide the challenge no later than thirty (30) days, after the parties and the arbitrator have been heard or duly summoned. If the competent jurisdiction fails to render a decision within this above-mentioned time period, it shall be discharged, and the challenge application may be brought before the Common Court of Justice and Arbitration by the most diligent party.

The decision of the competent jurisdiction dismissing the challenge application may only be challenged before the Common Court of Justice and Arbitration.

Any ground of challenge must be raised no later than thirty (30) days after the fact having motivated the challenge has been discovered by the party seeking to invoke it.

The challenge of an arbitrator shall only be admissible for reasons which have become known after his appointment.

When the mandate of an arbitrator is terminated, or when he resigns for any other reason, a replacing arbitrator is appointed according to the applicable rules to the nomination of the replaced arbitrator, unless otherwise agreed by the parties. The same procedure shall be followed if the arbitrator's mandate is revoked by mutual agreement of the parties or any other case when his mandate is terminated.

CHAPTER 3: ARBITRAL PROCEEDINGS

ARTICLE 8. 1

In case of an agreement imposing upon the parties to follow a preliminary phase for the settlement of the dispute prior to any arbitration, the tribunal shall, upon the request of one of the parties, examine if this condition has been met and as the case may be, shall mandate the completion of this preliminary phase.

If this preliminary phase has not been initiated, the arbitral tribunal shall suspend the procedure for a time period which it deems appropriate, to allow the most diligent party to initiate this phase.

If this preliminary phase has effectively been initiated, the arbitral tribunal shall take note, as the case may be, of its failure.

ARTICLE 9

The parties shall be treated equally and each party shall be given full opportunity to present its case.

ARTICLE 10

Where the parties have agreed to refer to an arbitration institution, they shall be deemed to have agreed on the application of the arbitration rules of this institution unless they have expressly agreed to exclude specific provisions in agreement with this institution.

The arbitral proceedings shall start at the date when one of the parties initiates the procedure of the constitution of the arbitral tribunal.

ARTICLE 11

The arbitral tribunal alone is competent to rule on its own jurisdiction, as well as on any issues concerning the existence or validity of the arbitration agreement.

Any objection to arbitral jurisdiction shall be raised before any defense on the merits except where the facts on which it is based have been disclosed later.

The arbitral tribunal may rule on its own jurisdiction in the award dealing with the merits or in a partial award subject to the annulment action.

ARTICLE 12

Where the arbitration agreement does not set a time limit, the mandate of the arbitral tribunal may not exceed six (06) months from the date on which the last appointed arbitrator accepted his appointment.

The legal or contractual time limit for the arbitration may be extended, either upon agreement of the parties, or, upon request of one of the parties or of the arbitral tribunal, or by the competent jurisdiction in the Member State.

ARTICLE 13

When a dispute, for which an arbitral tribunal is seized pursuant to an arbitration agreement, is brought before a state court, the latter must, if one of the parties so requests, declare that it lacks jurisdiction.

Where the arbitral tribunal is not yet seized, or if no arbitral request has been filed, the state court shall also declare itself incompetent, unless the arbitration agreement is manifestly null or manifestly inapplicable to the case. In that case, the competent jurisdiction shall issue a final decision on its jurisdiction within a maximum of fifteen (15) days. Its decision may only be appealed before the Common Court of Justice and Arbitration in accordance with its Rules of Procedure.

In any case, the competent jurisdiction may not on its own motion declare itself incompetent.

However, the existence of an arbitration agreement shall not preclude a state court, at the request of a party and in the event of a recognized and reasoned emergency, to order provisional or conservatory measures so long as such measures do not imply an examination of the merits of the case, for which only the arbitral tribunal is competent.

ARTICLE 14

The parties may, directly or by reference to arbitration rules, determine the arbitral procedure. They may also make it subject to a procedural law of their choice.

Absent such agreement, the arbitral tribunal may conduct the arbitration as it deems appropriate.

In support of their claims, the parties bear the burden of alleging and adducing evidence to prove the facts thereof.

The parties shall act quickly and with loyalty in the conduct of the proceedings, and shall refrain from any dilatory actions.

If, without raising a legitimate reason:

a) the claimant does not submit its claim, the arbitral tribunal shall terminate the arbitral proceedings;

b) the respondent does not submit its defense, the arbitral tribunal shall continue the arbitral proceedings without, however, considering this failure per se as an acceptance of the claimant's allegations;

c) one of the parties fails to appear at the hearing or to produce documents, the arbitral tribunal may continue the proceedings and decide on the basis of the evidence before it.

The arbitral tribunal may invite the parties to provide it with factual explanations and to submit to it, by any legally admissible means, the evidence it believes will be necessary for the solution to the dispute.

It may not retain in its ruling, the arguments, explanations or documents submitted by the parties, unless both parties have been in a position to discuss them.

It shall not base its ruling on evidence established on its own motion without previously inviting each of the parties to submit its comments.

Where the assistance of judicial authorities is necessary for the taking of evidence, the arbitral tribunal may, on its own motion or upon request, seek the assistance of a competent jurisdiction in the Member State.

A party who knowingly abstains from invoking, without delay, an irregularity and yet proceeds with the arbitration, is deemed to have waived its right to object.

The arbitral tribunal shall, unless otherwise agreed by the parties, be empowered to decide any incidental claims concerning the verification of the authenticity of documents or forgery.

If necessary, the arbitral tribunal may, after consulting the parties or upon their request, appoint one or more experts to report on specific issues it determines and hear them at the hearing.

The arbitral tribunal may also, upon the request of either party, order interim or conservatory measures, with the exception of conservatory seizures and judicial sureties which remain within the jurisdiction of state courts.

ARTICLE 15

The arbitral tribunal shall rule on the merits of the dispute pursuant to the rules of law chosen by the parties. Absent such choice by the parties, the arbitral tribunal shall apply the rules it deems the most appropriate, by taking into consideration, as the case may be, international trade practices.

It may also decide as amiable compositeur when the parties have authorized it to do so.

ARTICLE 16

The arbitral procedure shall end with the rendering of a final award.

It may also be terminated with a closing order.

The arbitral tribunal may issue a closing order when:

a) the claimant withdraws its request, unless the respondent objects and the arbitral tribunal acknowledges that there is a legitimate interest in finally settling the dispute;

b) the parties agree to terminate the proceedings;

c) the arbitral tribunal finds that pursuing the proceedings has become, for any other reason, unnecessary or impossible;

d) the initial or extended arbitral time limit has expired;

e) there is an acknowledgement of the claim, withdrawal from the proceedings, settlement.

ARTICLE 17

The arbitral tribunal shall set the date on which the matter shall be deliberated.

After this date, no other claim may be introduced or arguments raised.

No remarks may be presented; nor may any document be submitted unless at the express and written request of the arbitral tribunal.

ARTICLE 18

The deliberations of the arbitral tribunal shall be confidential.

CHAPTER 4: THE ARBITRAL AWARD

ARTICLE 19

The arbitral award shall be rendered in accordance with the procedure and the forms agreed upon by the parties.

Absent any such agreement, the award shall be rendered by a majority vote when the tribunal is composed of three arbitrators.

If the parties come to an agreement during the course of the arbitral proceedings, they may ask the arbitral tribunal to issue an award by consent. Such award shall have the same status and shall have the same effects as any other award bringing the dispute to an end.

ARTICLE 20

Apart the holding, the arbitral award shall contain:

a) the first and last names of the arbitrators having rendered the award;

b) its date;

c) the seat of the arbitral tribunal;

d) the last and first names and trade names of the parties, as well as headquarters or registered office;

e) as the case may be, the last and first names of counsel or any person having represented or assisted the parties; and

f) the statement of the respective claims of the parties, their pleas and arguments, as well as the procedural history.

The arbitral award must state the reasons on which it is based.

If the arbitral tribunal has been empowered by the parties to decide as amiable compositeur, this shall be mentioned.

ARTICLE 21

The arbitral award shall be signed by the arbitrator or arbitrators.

However, if a minority of them refuses to sign the award, mention shall be made of such refusal, and the award shall have the same effect as if all the arbitrators had signed it.

ARTICLE 22

The award discharges the arbitral tribunal of the dispute.

The arbitral tribunal shall nevertheless have the power to interpret the award or to rectify material errors and omissions affecting it.

Where it has omitted to rule upon a head of claim, it may do so by rendering an additional award.

In one or the other events mentioned above, a request must be made within thirty (30) days from the date of the notification of the award. The tribunal shall have a period of forty-five (45) days to render a decision.

If the arbitral tribunal cannot be reconvened it will fall upon the competent jurisdiction in the Member State to decide.

ARTICLE 23

As soon as it is rendered, the arbitral award has res judicata effect regarding the dispute it settles.

ARTICLE 24

The arbitral tribunal may grant provisional enforcement of the award if this has been requested, or may reject the request through a reasoned decision.

CHAPTER 5: RECOURSE AGAINST THE ARBITRAL AWARD

ARTICLE 25

The award shall not be subject to any opposition, or appeal on factual or legal grounds.

It may be subject to an annulment action, which must be lodged before the competent jurisdiction in the Member State.

However, the parties may agree to waive the annulment action against the arbitral award provided it is not contrary to international public policy.

The decision of the competent jurisdiction in the Member State regarding the annulment action may only be appealed on points of law before the Common Court of Justice and Arbitration.

The arbitral award may become the subject of opposition by any third party before the jurisdiction of the Member State which would have been competent if there was no arbitration and when that award is prejudicial to its rights.

It may also be subject to a request for revision before the arbitral tribunal due to the discovery of a fact likely to have a decisive influence on the settlement of the dispute and which, before the rendering of the award, was unknown to both the arbitral tribunal and the party requesting the revision. When the arbitral tribunal may no longer be reconvened, the request for revision is brought before the jurisdiction in the Member State which would have been competent in the absence of arbitration.

ARTICLE 26

The annulment action shall only be permitted:

a) if the arbitral tribunal has ruled without an arbitration agreement or based on an agreement that is void or expired;

b) if the arbitral tribunal was irregularly composed, or the sole arbitrator was irregularly appointed;

c) if the arbitral tribunal ruled without conforming to the mandate with which it has been entrusted;

d) if the principle of due process has not been respected;

e) if the arbitral award is contrary to international public policy; or

f) if the award fails to state the reasons on which it is based.

ARTICLE 27

The annulment action shall be permitted as soon as the award is made. It shall cease to be admissible if it has not been made within one month from the notification of the award having received the exequatur.

The competent jurisdiction shall render a decision within three (03) months of its seizure. When said jurisdiction fails to render a decision within this time period, it is discharged of the case and the action may be brought before the Common Court of Justice and Arbitration within the next fifteen (15) days. The latter must render a decision within a maximum time limit of six (06) months of its seizure. In that case, the deadlines specified in the

Rules of procedure of the Common Court of Justice and Arbitration shall be reduced by half.

ARTICLE 28

Except where the provisional enforcement of the award has been ordered by the arbitral tribunal, the exercise of the annulment action shall stay enforcement of the award until such time that the competent jurisdiction in the Member State, or the Common Court of Justice and Arbitration, as the case may be, has rendered a decision.

That jurisdiction shall also be competent to rule on a dispute concerning the provisional enforcement.

ARTICLE 29

In the event of an annulment of the arbitral award and save when the said annulment is based on the fact that the tribunal ruled without an arbitration agreement or on a void or expired one, it rests upon the most diligent party, if it so wishes, to initiate a new arbitration proceeding in accordance with this Uniform Act.

CHAPTER 6: RECOGNITION AND ENFORCEMENT OF ARBITRAL AWARDS

ARTICLE 30

The award shall only be subject to enforcement by virtue of an exequatur decision issued by the competent jurisdiction in the Member State.

ARTICLE 31

The recognition and enforcement of the arbitral award presume that the party relying on it establishes the existence of the arbitral award.

The existence of the arbitral award shall be established by the production of its original award accompanied by the arbitration agreement or copies of these documents meeting the conditions required to establish their authenticity.

Where those documents are not written in one of the original language(s) of the Member State where the exequatur is demanded, the party shall submit a translation certified by a translator registered on the list of experts established by the competent jurisdictions.

The recognition and the exequatur shall be denied when the award is manifestly contrary to a rule concerning international public policy.

The national jurisdiction, seized by a request for recognition or exequatur, shall render a decision within fifteen (15) days from the day of its seizure. If at the end of this time limit the jurisdiction has not rendered its decision, the exequatur shall be presumed to have been granted.

When the exequatur has been granted, or in the case of silence from the jurisdiction seized by the request for exequatur within fifteen (15) days as above-mentioned, the most diligent party may seize the head clerk or the competent authority in the Member State in order to fix the formal exequatur upon the original of the award. The exequatur procedure is not contradictory.

ARTICLE 32

The decision which rejects the exequatur shall only be subject to appeal on points of law before the Common Court of Justice and Arbitration.

The decision granting the exequatur shall not be subject to any appeal.

However, the annulment action of the arbitral award shall automatically entail an appeal against the decision granting he exequatur within the limits of the referral of the competent jurisdiction of the Member State.

ARTICLE 33

The dismissal of the annulment action shall automatically validate the award as well as of the decision having granted the exequatur.

ARTICLE 34

The arbitral awards rendered on the basis of rules different from those provided for in this Uniform Act shall be recognized in the Member States under the conditions provided for by international conventions possibly applicable and, in the absence thereof, under the same conditions as those provided in this Uniform Act.

CHAPTER 7: FINAL PROVISIONS

ARTICLE 35

This Uniform Act shall be the arbitration law in the Member States.

It shall apply only to arbitral proceedings commenced after its entry into force.

ARTICLE 36

This Uniform Act, which abrogates the Arbitration Uniform Act dated 11 March 1999, shall be published in the OHADA Official Gazette within sixty (60) days from its approval. It shall also be published in the Official Gazette of the Member States.

It shall enter into force ninety (90) days after its publication in the OHADA Official Gazette.

Conakry, 23 November 2017

参 考 文 献

一、中文文献

（一）专著

1. ［尼］阿卢赛尼·穆鲁：《理解非洲商法协调组织》，李伯军译，湘潭大学出版社 2017 年版。

2. 鲍里斯·马尔托尔、纳内特·皮尔金等：《非洲商法：OHADA 与统一化进程》，朱伟东译，英国全球市场简报出版公司 2008 年版。

3. 韩良主编：《非洲商事——法律制度精析》，中国法制出版社 2015 年版。

4. 何勤华、洪永红：《非洲法律发达史》，法律出版社 2006 年版。

5. ［美］杰克·布赖特、［美］奥布里·赫鲁比：《未来非洲——正在崛起的大陆　未来的全球经济引擎》，敖军译，西南师范大学出版社 2020 年版。

6. ［美］克莱尔·莫尔·迪克森：《非洲统一商法：普通法视角中的 OHADA》，朱伟东译，中国政法大学出版社 2014 年版。

7. 李伯军：《当代非洲国际组织》，当代非洲发展研究系列，浙江人民出版社 2012 年版。

8. 李伯军：《非洲法评论》，湘潭大学出版社 2015 年版。

9. 李伯军：《作为一门独立学科的非洲法》，湘潭大学出版社 2017 年版。

10. ［意］莎尔瓦托·曼库索、洪永红主编：《中国对非投资法律环境研究》，湘潭大学出版社 2009 年版。

11. 黄进、宋连斌、徐前权：《仲裁法学》，中国政法大学出版社 2008 年版。

12. 张宏明主编：《中国和世界主要经济体与非洲经贸合作研究》，世界知识出版社 2012 年版。

13. 张宏明主编:《非洲黄皮书:非洲发展报告(2017 - 2018)》,社会科学文献出版社 2018 年版。

14. 朱伟东:《非洲商法协调组织》,社会科学文献出版社 2018 年版。

(二)学术文章

1. 池漫郊、任青:《中国国际投资仲裁年度观察(2020)》,载陈福勇主编:《北京仲裁》第 112 辑,中国法制出版社 2020 年版。

2. [法]多米尼克·德维尔潘、杨晗轶:《非洲—中国—欧洲:21 世纪的新挑战》,载《东方学刊》2019 年第 4 期。

3. 韩秀丽:《中非双边投资条约:现状与前景》,载《厦门大学学报(哲学社会科学版)》2015 年第 3 期。

4. 郭玉军:《经济全球化与法律的协调化、统一化》,载《武汉大学学报(社会科学版)》2001 年第 2 期。

5. 郭德香:《见索即付保函的担保风险及其防控对策——由"利比亚银行保函延期事件"引发的思考》,载《法商研究》2012 年第 5 期。

6. 黄露:《非商业性风险对国际直接投资的影响及防范》,载《辽宁行政学院学报》2002 年第 6 期。

7. 贺鉴:《论非洲法律文化研究中的法系问题》,载《湘潭大学学报(哲学社会科学版)》2010 年第 2 期。

8. 洪永红、龙婷:《赴非洲投资应谨慎应对腐败问题(中英文)》,载《中国投资》2020 年第 Z8 期。

9. 胡兴东:《习惯还是习惯法:习惯在法律体系中形态研究》,载《东方法学》2011 年第 3 期。

10. 蒋柳红:《试论中国企业在非洲矿产的投资方式、风险分析及应对策略》,载《市场论坛》2013 年第 5 期。

11. 毛岚、罗华伟:《中国企业非洲投资财务风险成因及对策分析》,载《商场现代化》2017 年第 7 期。

12. 李伯军:《非洲商法协调组织与中非经济关系》,载胡平仁主编:《湘江法律评论》第 10 卷,湘潭大学出版社 2011 年版。

13. 李伯军:《非洲国际法初探》,载《西亚非洲》2006 年第 2 期。

14. 梁静波:《中国企业海外投资的政治风险与对策》,载《求实》2013 年第 4 期。

15. 赛格、门明:《中国企业对非洲投资的政治风险及应对》,载《西亚非洲》2010 年第 3 期。

16. 沈军、包小玲:《中国对非洲直接投资的影响因素——机遇金融发展与国家风险因素的实证研究》,载《国际金融研究》2013 年第 9 期。

17. 唐士其:《习惯法与法治的制度起源》,载《国际政治研究》2005 年第 1 期。

18. 夏新华:《论非洲法律发展中的本土法与外来法》,载《辽宁大学学报(哲学社会科学版)》2010 年第 1 期。

19. 夏新华、彭妍艳:《论非洲法律的区域化》,载《西亚非洲》2010 年第 1 期。

20. 姚桂梅:《非洲经济发展的主要特征评述》,载《西亚非洲》2005 年第 4 期。

21. 于海涛、金博:《美国部分解除对苏丹制裁对中国在苏石油业务的影响及对策分析》,载《国际石油经济》2018 年第 3 期。

22. 钟燕雯:《试析中国企业在非洲投资的影响》,载《企业导报》2011 年第 2 期。

23. 朱伟东:《非洲地区一体化进程中的法律一体化》,载《西亚非洲》2003 年第 3 期。

24. 朱伟东:《非洲国际商法统一化与协调化》,载《非洲法研究》2002 年第 3 期。

25. 朱伟东:《非洲商法协调组织述评》,载《西亚非洲》2009 年第 1 期。

26. 朱伟东:《OHADA 法律制度间隙及其为对非投资带来的好处》,载《海外投资与出口信贷》2010 年第 5 期。

(三)其他

1. 蔡淳:《非洲大陆吸引全球投资者目光》,载中国经济网,http://bgimg.

ce. cn/xwzx/gnsz/gdxw/201911/21/t20191121_33662707. shtml。

2. 北京德和衡律师事务所和中国社会科学院西亚非洲研究所非洲法律研究中心:《在非洲中资企业法律服务需求调研报告》,载德衡商法网 2020 年 12 月 2 日,http://www. deheng. com. cn:81/asp/newssql/html/202012415585534. htm。

3. 张丹洁:《“非洲保卫战”必须提前打响! 非洲极可能成为新冠疫情下一个“震中”》,载中国新闻网,http://henan. china. com. cn/health/2020 - 04/27/content_41136367. htm。

4.《非洲经济:后疫情时代危中有机》,载经济参考报,https://finance. sina. com. cn/tech/2020 - 12 - 29/doc-iiznezxs9465862. shtml。

5. 冯中豪:《国际观察:战乱之后　中国在利比亚利益能否保全?》,载中国新闻网,http://www. chinanews. com/gj/2012/03 - 18/3751915. shtml。

6. 戴贝:《中国企业在利比亚损失大》,载国际在线,http://news. cri. cn/gb/27824/2011/04/08/5311s3212073. htm。

7. 贺文萍:《构建后疫情时代更紧密的中非命运共同体》,载光明网,https://share. gmw. cn/news/2021 - 01/03/content_34513185. htm。

8. 贺文萍:《非洲一体化进程的新里程碑》,载中国与非洲网,http://www. beijingreview. com. cn/chinafrica/201906/t20190611_800170417. html。

9.《后疫情时代民企对非投资大有可为》,载新浪财经,https://finance. sina. com. cn/jjxw/2020 - 12 - 18/doc-iiznezxs7520694. shtml。

10.《ICSID 仲裁程序概述》,载中国国际贸易促进委员会官网,http://www. ccpit. org/contents/channel_3466/2018/0119/952881/content_952881. htm。

11. 况聃:《赞比亚科蓝煤矿屡遭冲击　多重矛盾待化解》,载搜狐网,http://roll. sohu. com/20120810/n350358232. shtml。

12. 黎江、林林、张玲:《海外利益保护与中国海外安保产业》,载中国网,http://news. china. com. cn/world/2019 - 09/01/content_75598413_3. htm。

13. 连俊:《世界经济在疫情中缓慢回升》,载中国经济网,http://views. ce. cn/view/ent/202012/28/t20201228_36161996. shtml。

14. 刘欢:《非洲黄皮书:非洲投资法律环境进一步提高》,载中国新闻网,

http://www. chinanews. com/gn/2018/08 – 14/8599786. shtml。

15. 舒运国:《非洲在世界格局中的重要地位——李克强总理定位非洲为“三个一极”》,载人民网,http://cpc. people. com. cn/n/2014/0610/c68742 – 25126961. html。

16. 王文博:《前10月中企在非新签承包合同增长34%领跑全球各区域》,载经济参考网2020年12月14日,http://www. jjckb. cn/2020 – 12/14/c_139587639. htm。

17. 吴强:《苏丹危机挑战中国海外石油利益》,载《南风窗》2004年第18期。

18. 王冲:《美国谋求制裁苏丹为石油　是否威胁中国利益?》,载新浪网,http://mil. news. sina. com. cn/2004 – 08 – 10/0932216211. html。

19. 王永中、王碧珺:《中国海外投资高政治风险的成因与对策》,载中国社会科学网,http://www. cssn. cn/jjx/jjx_gzf/201502/t20150227_1526229. shtml。

20. 王凯山:《利比亚银行要求中方延期保函　国内银行尚无回应》,载东方网,http://news. eastday. com/w/20110405/u1a5824497. html。

21. 颜苗丽:《非洲商法统一组织仲裁制度与中国仲裁制度比较研究》,湘潭大学2010年硕士学位论文。

22. 孟钟藜:《中非“一带一路”合作开启新篇章》,载经济日报2020年12月24日,第8版。

二、外文文献

（一）专著

Joseph Issa SAYEGH & Jacqueline Lohoues OBLE, *OHADA-Harmonisation du droit des affaires*, Bruylant, Bruxelles, 2002.

（二）文章

1. Abdoulaye SAKHO,《Modernisation et efficacité du droit OHADA des sociétés-à propos de la révision en 2014 de l'Acte Uniforme sur les Sociétés

Commerciales》, https://legibenin. net/download/131/droit-prive/220138/modernisation-et-efficacite-du-droit-ohada-des-societes-par-abdoulaye-sakho. pdf.

2. Alhousseini MOULOUL, *Comprendre l'Organisation pour l'Harmonisation en Afrique du Droit des Affaires (O. H. A. D. A.)*, 2ème éd., décembre 2008, https://www. ohada. com/uploads/actualite/1403/Comprendre-l-Ohada-fr. pdf.

3. André-Franck HOYO,《La problématique de financement de l'OHADA》, *Revue Trimestrielle de Droit Africain*, *Penant*, Editions Juris Africa, oct. - déc. 2008.

4. Apollinaire A. DE SABA,《Un nouveau droit des affaires pour attirer les investisseurs en Afrique. Est-ce suffisant ?》, *Finance & Bien Commun*, n° 28 - 29, mars 2007.

5. Célestin Sietchoua DJUITCHOKO,《Les sources du droit de l'Organisation pour l'Harmonisation en Afrique du Droit des Affaires (OHADA) (2003)》, *Penant*, n° 843, avril-juin 2003.

6. Claire Moore DICKERSON,《Le droit de l'OHADA dans les états anglophones et ses problématiques linguistiques》, *Revue internationale de droit comparé*, vol. 60, n° 1, 2008.

7. Djibril ABARCHI,《La supranationalité de l'Organisation pour l'Harmonisation en Afrique du Droit des Affaires (OHADA)》, *Revue burkinabé de droit*, n° 37, 1er semestre 2000.

8. Dominique PONSOT,《Le droit de l'OHADA: une source d'inspiration pour les législateurs nationaux ?》, *RJOI*, n° 11, 2010, http://www. lexoi. fr/docannexe/file/3169/rjoi_2010_11_dponsot. pdf.

9. Emmanuel KAGISYE,《Environnement juridique des affaires en Afrique: Système juridique et judiciaire de l'OHADA》, *HAL* - 01495642, 2017.

10. Eugène Assepo ASSI,《La Cour commune de justice et d'arbitrage de l'OHADA: un troisième degré de juridiction?》, *Revue internationale de droit comparé*, n° 4, 2005.

11. François NOUVION,《OHADA: le point sur la réforme de l'Acte Uniforme sur les Sociétés Commerciales adoptée le 30 janvier 2014》, Cabinet Nouvion(Interview), mars 2014, www. agenceecofin. com.

12. Fodé David FAYE,《Le clair-obscur dans l'appréciation de l'extranéité dans le régime de la succursale en droit OHADA》, https://ohada6. rssing. com/chan-9908993/article42085-live. html.

13. Gaston KENFACK DOUAJNI,《La notion d'ordre public international dans l'arbitrage》, *Revue Camerounaise de l'Arbitrage*, n° 29, avril-juin 2005.

14. Ibrahim NDAM,《L'évocation en matière judiciaire: Obligation ou simple faculté pour la Cours Commune de Justice et d'Arbitrage ?》, *Penant*, n° 886, jan. - mars 2014.

15. Ismaël MAYÉLA,《Le régime juridique des actes uniformes de l'OHADA》, le 30 oct. 2019, https://www. village-justice. com/articles/regime-juridique-des-actes-uniformes-ohada, 32802. html.

16. Jean-Jacques RAYNAL,《Intégration et souveraineté: le problème de la constitutionnalité du Traité OHADA》, *Penant*, n°832, jan. - fév. 2000.

17. Jean Yado TOÉ,《La problématique actuelle de l'harmonisation》, *Revue de droit uniforme*, *n°*2008, https://www. ohada. com/documentation/doctrine/ohadata/D-09-03. html.

18. Joseph Issa SAYEGH & Paul-Gérard POUGOU,《Communication: L'OHADA: défis, problèmes et tentatives de solutions》, Actes du Colloque sur l'harmonisation du droit OHADA des contrats-Ouagadougou 2007, *Revue de droit Uniforme*, UNIDROIT, 2008, https://www. ohada. com/documentation/doctrine/ohadata/D-09-26. html.

19. Kouassi Rodrigue KOUASSI,《L'apport du droit OHADA sur la sécurité juridique et judiciaire de ses états-membres》, https://www. ohada. com/documentation/doctrine/ohadata/D-19-20. html? langue=fr.

20. Laurence M. STEVENS, *Africa losing billions in mining sector-*

Afrodad, Africa Mining Market (Nov. 27, 2018), https://africanminingmarket.com/africa-losing-billions-in-mining-sector-afrodad/3037/.

21. Mavi Fortin Ismael Mayela MIYOUNA, 《le régime juridique des actes uniformes de l'OHADA》, le 12 nov. 2019, https://hal.archives-ouvertes.fr/hal-02358484/document.

22. Nicole LACASSE & Jacques PUTZEYS, 《L'Acte Uniforme de l'OHADA relatif aux contrats de transport de marchandises par route》, *Actualités juridiques*, n° 46, 2005.

23. Olivier CUPERLIER, 《Où va l'arbitrage international?》, *Journées d'Istanbul des* 8 *et* 9 *avril* 2016 *intitulées Où va l'arbitrage ? Entre crise et renouveau*, sous la direction du Professeur Filali Osman, LexisNexis 2017.

24. Parfait DIÉDHIOU, 《L'article 10 du Traité de l'OHADA: quelle portée abrogatoire et supranationale ?》, *Revue de droit uniforme*, n° 2, 2007.

25. Paul-Gérard POUGOUE, 《Doctrine OHADA et théorie juridique》, *Revue de l'ERSUMA*, n° spécial, nov. - déc. 2011.

26. Phéline LIZANGA LINGÉLÉ, 《L'impact des mesures exceptionnelles prises pendant la période de la crise sanitaire liée à la pandémie de la maladie à coronavirus (Covid - 19) dans l'espace OHADA sur les délais de procédure accordés aux parties devant la CCJA》, https://www.ohada.com/documentation/doctrine.html? auteur = pheline__lizanga-lingele.

27. Pierre DELVOLVE, 《L'autonomie constitutionnelle des États dans les droits européens》, *Revue française de droit constitutionnel*, Paris, n°100.

28. Placide MOUDOUDOU, 《Réflexion sur les fonctions de la Cour Commune de Justice et d'Arbitrage de l'OHADA》, *Revue internationale de droit africain EDJA*, n° 64, 2005.

29. Roger MASAMBA, 《Réflexion pour une meilleure application substantielle du droit OHADA》, *Le système juridique de l'OHADA et l'attractivité économique des Etats parties* 20 *ans après: bilans et défis à relever*

Colloque organisé par l'Association pour l'Efficacité du Droit et de la Justice, *Université Panthéon-Sorbonne*, le 2 juin 2013.

30. Théo GNING & Fabrice LARUE,《Le nouveau modèle coopératifs dans l'espace OHADA: un outil pour la professionnalisation des organisations paysannes》, *Études*, éd. 2014, Fondation pour l'agriculture et la ruralité dans le monde, fév. 2014.

31. Safoura MABOUNE NDAM,《Le principe de confidentialité en arbitrage OHADA: cas de l'IJAMC》, https://www. ohada. com/connexion. html? redirect = L3RlbGVjaGFyZ2VtZW50L2RvY3VtZW50YXRpb24vZG9jdHJpbmU vb2hhZGF0YS9ELTE3LTE1LnBkZg = =.

32. Simon D. ,《 Les fondements de l'autonomie du droit communautaire》, SFDI, *Perspectives actuelles*, Paris, 2000.

33. Véronique Carole NGONO,《 Réflexions sur l'espace judiciaire OHADA》, *Revue de l'ERSUMA: Droit des affaires-Pratique Professionnelle*, n° 6, janvier 2016.

(三)博士论文

1. Cruse Hervé Massosso BENGA, *La déjudiciarisation de l'arbitrage OHADA*, Université de Perpignan *Via Domitia*, 2019.

2. Hamzata HAIDARA, *Rapports organisation mondiale du commerce / organisation pour l'harmonisation en Afrique du droit des affaires (Contribution à l'étude du processus de mondialisation des rapports économiques et commerciaux)*, Université de Nancy Ⅱ, 2009.

3. Hervis MIKPONHOUE, *L'ordre juridique communautaire OHADA et les enjeux d'intégration du droit des affaires*, Université de Perpignan *Via Domitia*, 2016.

4. Mouhamadou Sanni YAYA, *Le droit de l'OHADA face au commerce électronique*, Université de Montréal et Université de Paris-Sud 11, 2011.

（四）法律法规条文

1. *Traité relatif à l'harmonisation en Afrique du droit des affaires*（《非洲商法协调条约》），adopté le 17/10/1993 à Port-Louis，*Journal Officiel*，1997 年 11 月 1 日生效。

2. *Traité portant révision du traité relatif à l'harmonisation du droit des affaires en Afrique*（《非洲商法协调条约》），adopté le 17 /10/2008 à Québec（Canada），2008 年 10 月 17 日生效。

3. *Acte uniforme portant sur le Droit Commercial Général*（《一般商法统一法》），1997 年 4 月 17 日通过，并于 1998 年 1 月 1 日生效。

4. *Acte uniforme révisé portant sur le Droit Commercial Général*（《一般商法统一法修订版法》），2010 年 12 月 15 日通过，并于 2011 年 5 月 16 日生效。

5. *Acte uniforme relatif au Droit des Sociétés Commerciales et du groupement d'intérêt économique*（《商业公司和经济利益体统一法》），1997 年 4 月 17 日通过，并于 1998 年 1 月 1 日生效。

6. *Acte uniforme relatif au Droit des Sociétés Commerciales et du groupement d'intérêt économique*（《统一公司法修订版》），2014 年 1 月 30 日通过，并于 2014 年 5 月 5 日生效。

7. *Acte uniforme révisé portant organisation des sûretés*（《担保统一法》），1997 年 4 月 17 日通过，并在 1998 年 1 月 1 日生效。

8. *Acte uniforme révisé portant organisation des sûretés*（《担保统一法修订版》），2010 年 12 月 15 日通过，并于 2011 年 5 月 16 日生效。

9. *Acte uniforme portant organisation des procédures simplifiées de recouvrement et des voies d'exécution*（《债务追偿简易程序和执行措施统一法》），1998 年 4 月 10 日通过，并于 1999 年 1 月 1 日生效。

10. *Acte uniforme portant organisation des procédures collectives d'apurement du passif*（《债务清偿集体程序统一法》，即《破产统一法》），旧法于 1998 年 4 月 1 日通过，并于 1999 年 1 月 1 日生效；新法于 2015 年 9 月 10 日通过，并于 2015 年 12 月 25 日生效。

11. *Acte uniforme relatif au Droit de l'Arbitrage*(《仲裁法统一法》),旧法于 1999 年 3 月 11 日通过,并于 6 月 11 日生效;新法于 2017 年 11 月 23 日通过,并于 2018 年 2 月 23 日生效。

12. *Acte uniforme relatif au Droit Comptable et à l'information financière*(《会计法统一法》),旧法于 2000 年 3 月 24 日通过,并于 2001 年 1 月 1 日生效;新法于 2017 年 1 月 26 日通过,新的《会计法统一法》并于 2018 年 1 月 1 日生效。

13. *Acte uniforme relatif aux contrats de transport de marchandises par route* (《公路货物运输合同统一法》),2003 年 3 月 22 日通过,并于 2014 年 1 月 1 日生效。

14. *Acte uniforme relatif au Droit des Sociétés Coopératives*(《合作社统一法》),2010 年 12 月 5 日通过,并于 2011 年 6 月 15 日生效。

15. *Acte uniforme relatif à la médiation* (《调解统一法》),2017 年 11 月 23 日通过,并于 2018 年 2 月 23 日生效。

16. *Déclaration de Québec sur le*《*mécanisme de financement autonome*》,2008 年 10 月 17 日通过,并于 2009 年 1 月 1 日生效,http://www.ohada.com/content/newsletters/449/declaration-quebec-mecanisme-financement.pdf。

17. *Règlement n°* 01/2014/*CM/OHADA modifiant et complétant le règlement de procédure de la cour commune de justice et d'arbitrage du* 18 *avril* 1996,2014 年 1 月 30 日通过。

18. *Règlement d'arbitrage de la Cour commune de justice et d'arbitrage*,2017 年 11 月 23 日通过,并于 2018 年 2 月 23 日生效。

19. *Le Règlement de Procédure de la CCJA*(《司法与仲裁共同法院诉讼程序规则》)。

20. *Les Statuts de la CCJA*(《司法与仲裁法院的规约》)。

21. *Le Règlement de Procédure d'Arbitrage*(《司法与仲裁法院的仲裁程序规则》)。

后记　后疫情时代中国企业非洲投资的前景展望

2020年年初,一场突如其来的新冠肺炎疫情使人类经历了百年以来最严重的传染病大流行,全球经济也受到重创,贸易投资大幅下滑,其影响已经大大超出2008年发生的国际金融危机。到目前为止,新冠肺炎疫情还没有结束,但是已经可以预测到这次疫情将导致世界经济秩序失衡进一步加剧、全球贫富差距进一步拉大及世界经济进一步分化。经济合作与发展组织首席经济学家洛朗丝·博纳曾用"世界正在经历自二战以来最大的经济衰退"来形容这次疫情的严重程度。①

当新冠病毒达到全球性传播状态时,大多数机构和科学家都担心由于医疗卫生条件不佳、医护人员严重不足以及卫生保健系统普遍缺乏资源等问题会使非洲这个拥有13亿人口且集中最多发展中国家的大陆成为新冠肺炎疫情大流行的下一个"震中"。祸不单行,在疫情暴虐的同时,非洲还遭遇了疟疾及百年不遇的蝗灾和洪水威胁。联合国秘书长古特雷斯曾经表示,新冠肺炎疫情在非洲已经"不只是健康危机,更是一场人类危机"。联合国非洲经济委员会在2020年4月中旬的时候曾经发布报告警告,鉴于非洲国家卫生系统"普遍脆弱且资金不足",预计"最坏的情况下,新冠病毒或导致12亿人感染、330万人死亡;而最好情况下,病毒也将导致1.22亿人感染、30万人死亡"②。

然而,事实上非洲的疫情远远没有原先预料的那么严重,截至北京时间2021年6月12日,非洲新冠肺炎确诊病例累计5,011,502例,死亡病例累计

---

① 参见连俊:《世界经济在疫情中缓慢回升》,载中国经济网,http://views.ce.cn/view/ent/202012/28/t20201228_36161996.shtml。

② 张丹洁:《"非洲保卫战"必须提前打响!非洲极可能成为新冠疫情下一个"震中"》,载中国新闻网,http://henan.china.com.cn/health/2020-04/27/content_41136367.htm。

134,239 例。由此可见,迅速而严格的封锁措施使新冠病毒在非洲得到了有效的控制,其中成功的经验是值得其他国家学习和借鉴的。①

在世界各国经济普遍受到严重冲击,全球经济急剧萎缩的一年,中非经贸却显示出了巨大的韧性,虽历经挑战,但依然坚挺。根据中国海关统计,2020 年,中国与非洲双边贸易总额为 1869.7 亿美元,同比下降 10.5%。其中,中国对非洲出口额为 1142.2 亿美元,同比增长 0.9%;中国自非洲进口额为 724.5 亿美元,同比下降 24.1%。中国连续 12 年成为非洲最大的贸易伙伴。投资方面,2020 年 1~10 月,中国对非洲直接投资额基本与 2019 年同期持平,只略微下降 0.7%。中国对非洲直接投资存量达 110 亿美元,对非洲经济增长贡献率连续多年超过 20%。在工程承包方面,2020 年 1~10 月,中国企业在非洲新签承包合同额同比增长 34%,领先全球各区域。

这表明一方面非洲发展酝酿的新机遇持续发酵,吸引更多中国企业参与其中;另一方面,随着中国的改革开放越来越深入,更多企业走出国门参与国际竞争。并且,随着新冠肺炎疫苗研发的不断推进及非洲大规模接种疫苗工作的开展,2021 年非洲经济"回暖"的内外条件相对充分。非洲主要经济体相继迎来经济大幅反弹。而且 2022 年非洲经济将继续增长,根据联合国官网 2022 年 1 月 13 日发布的《世界经济形势与展望》,2022 年非洲经济将增长 4%,较 2021 年提升 0.2 个百分点,这主要得益于投资的增长、基础产品价格走高、基础产品出口增加等因素。②

然而,我们也不能忽视新冠肺炎疫情对赴非的中国企业带来的影响。首先,由于非洲各国均不同程度采取了封城、断航、取消集会等限制社会活动的措施,很多在非洲投资的项目也不得不停工,工期进程受到严重影响;并且由于非洲国家对港口、铁路、航空等交通方式进行了限制,很多企业产品的运输和

---

① 专家分析非洲的疫情得到了有效的防控归功于多个原因,与"非洲国家在疫情初期积极出台防疫措施、利用过去防治传染病经验、加强国际合作特别是中国和非洲合作抗击疫情有关,气候和人口年龄结构也是一个原因"。参见《非洲地区新冠肺炎确诊病例超 500 万例》,载新浪科技,https://finance.sina.com.cn/tech/2021-06-12/doc-ikqciyzi9290246.shtm。

② 《联合国预测 2022 年非洲经济将加快增长》,载中华人民共和国商务部网,http://ml.mofcom.gov.cn/article/jmxw/202201/20220103237876.shtml。

销售都遭受严重冲击,致使中国企业无法按时履行与国内客户的合同责任。其次,由于受到新冠肺炎疫情的影响,很多企业都被迫停工停产,失业人数的持续增加、最低生活得不到基本的保障,致使当地不安全因素滋长蔓延,社会治安环境堪忧,直接导致中国企业在东道国的人员和财产安全都受到了威胁。

目前可以看到,新冠肺炎疫情的暴发猛烈地冲击了全球事务和国际关系,加快了国际多极化格局向多极格局的历史性过渡。疫情前建造的世界产业链和供应链会出现新调整,将影响国家产业和贸易政策变化,在一定时期内放缓经济全球化进程①,但是,"……和平与发展的时代主题没有变,各国人民和平发展合作共赢的期待更加强烈"②。

疫情虽然对中非经贸合作造成了一定的冲击,但是并没有影响中非经济互补性的基础以及中非"一带一路"合作的热情。中国的技术、资金、发展经验与非洲的市场、资源和发展潜力形成黄金互补,这种经济结构上的高度互补性并不会因疫情的冲击而改变。除此之外,对于非洲,中国制造业可以输出优势产能,促进非洲产业升级和加速工业化发展。同时,中国正在从世界工厂向世界市场转化;中国也是优质的非洲原材料农副产品的巨大消费市场。这些都充分显示了中非制造业产业结构的巨大互补性、互利性,也显示了中非合作的广阔前景。③ 在后疫情时代,随着供应链和生产链的恢复,中非经贸合作可望很快重返巅峰,中非之间的投资合作项目将会以前所未有的趋势继续增长。

在这个后疫情时代,恢复经济已经成为世界各国的重要任务。新冠肺炎疫情还将为非洲发展资本市场提供强大动力,并有可能引发一波经济正规化浪潮。其实,非洲各国早已开始积极采取措施,加大投入重建和恢复经济。2021 年 1 月 1 日正式运行的非洲大陆自由贸易区是一个覆盖 13 亿人口、国

---

① 滕建群:《后疫情的国际秩序与中国应对澎湃新闻》,载澎湃号 · 政务 2020 年 9 月 30 日,https://www.thepaper.cn/newsDetail_forward_9414450。

② 根据中国国家主席习近平 2020 年 9 月 22 日在第七十五届联合国大会一般性辩论上发表重要讲话,更多信息可参考:https://k.sina.com.cn/article_5116298586_130f4855a02000w5bn.html。

③ 另外,非洲有着庞大的人口基数,人口就是市场。根据联合国经济委员会的预测,到 2050 年非洲青年劳动人数将占全球总劳动人口 1/4 以上,理论上此人口红利将在未来 10 年吸引大量投资,并提供非洲国家经贸谈判筹码。因此,百业待兴的非洲发展潜力无限。

内生产总值合计2.5万亿美元的全球最大的自由贸易区。[①] 它的建成将促进非洲内部贸易发展，释放出区域价值链，推动非洲的工业化进程和经济一体化的形成，对于解决非洲的就业问题和融入全球经济都具有极大的意义和价值，给非洲经济复苏带来曙光和希望。[②] 简单地说，非洲是否能从疫情中恢复，经济再次得到飞跃性发展的关键就是非洲自由贸易建设的推进速度的快慢和非洲经济一体化实现的步伐的大小，同样地，它也将有力地推动中非贸易的发展。[③] 2021年1月4~9日，国务委员、外交部部长王毅应邀对非洲五国进行了正式访问。在这个特殊时期，中国外长仍然坚持自1991年便开始的每年首次出访都前往非洲的传统，更可以体现中国政府对非洲和中非关系的重视。这些预示着中非经贸合作将继续呈跨越式的发展，合作格局也将继续向全方位、多层次、宽领域的方向转变，为对非直接投资提供了千载难逢的好机遇，中国企业不可错失良机。

对于有意向或正在非洲投资的中国企业而言，现阶段最关心的就是疫情稳定后，非洲的经济发展方向将做怎样具体的战略性调整以及中国企业在非洲的投资前景如何，就以上问题我们将从以下几个方面做出简略的预测和建议。

---

① 2020年5月，非盟的合作伙伴“非洲冠军”联合咨询机构发布了非洲自贸区元年报告。根据该报告，疫情对非洲自贸区和非洲或许意味着转机和希望。报告分析说，首先，由于疫情原因，非洲会重新平衡对外部供应商的依赖程度，从而转向地理上具有绝对优势的本土供应商。这会有利于促进非洲区域内价值链发展。其次，一直以来，非洲都过度依赖世界其他制造业中心，而疫情也将促使其转向发展更分散和多元化的区域内制造中心，这点转变非常有利于推动非洲工业化进程。最后，就是上面提到的，疫情使非洲认识到数字经济的重要性。加速发展电子商务、推进数字经济为非洲提供了新的机遇，同时也利于非洲发展绿色经济。2021年1月1日正式运行的非洲大陆自由贸易区也给非洲经济复苏带来希望。

② 同样在2021年第一天，中国与非洲国家的首个自由贸易协定《中华人民共和国政府和毛里求斯共和国政府自由贸易协定》正式生效，这意味着中国与毛里求斯的互利合作将进一步提升，这个协议的签订也将促进中非合作，为推动构建更加紧密的中非命运共同体做出贡献。

③ 事实上，2019年5月非洲大陆自由贸易区协议就已经正式生效并计划在2020年7月正式启动实施，但是由于突如其来的疫情而被推迟。为了尽快重振受疫情打击的经济，非洲各国决定在2021年的开年第一天重新开启非洲自贸区。自贸区建设是非洲大陆一体化项目中最具有里程碑意义的一步，将极大促进非洲内部贸易发展、推进工业化发展和提高竞争力，并有助于创造就业机会。参见贺文萍：《非洲一体化进程的新里程碑》，载中国与非洲网，http://www.beijingreview.com.cn/chinafrica/201906/t20190611_800170417.html。

首先,疫情让非洲各国进一步认识到互联互通对社会和经济发展的价值,突显数字经济的重要性。疫情期间,远程办公、线上教学及网上购物等用网需求量增多,非洲已有的基础设施建设明显与互联网和通信服务的使用量不相匹配。因此,各国纷纷出台支持措施,电子商务、互联网经济在非洲得到了快速发展,非洲经济数字化的步伐也因为疫情而加快。非洲已经从数字化转型中获得巨大收益,近四分之一的企业都增加了数字技术的适用和对数字解决方案的投入。因此,可以肯定的是,即使在疫情得到全部控制后,非洲各行业的数字化转型仍将继续。为了支持数字经济在非洲的发展,中非商界人士积极通过各种渠道搭建各类中非数字合作平台、创造新的商机。[①] 线上推介会、在线洽谈、云端会议及直播带货等新业态合作方式的蓬勃发展,预示了中非数字经济合作迎来了快速发展的契机。[②] 因此,中国企业不能忽视数字技术在赴非投资中的重要性,可以积极通过建立合资企业等方式促进中非双方在数字经济领域的合作。

其次,疫情期间,非洲卫生、医疗产业这些短板的问题被格外凸显出来。"有关卫生和制药的产业有可能成为非洲经济复苏的引擎",对医疗、药物、医疗水平方面的投资将改善非洲医疗基础设施,将受到非洲国家人民的欢迎和政府的支持。因此,中国的医药企业可以考虑进驻非洲,投资办厂,帮助非洲人民发展医药行业将带来双赢的局面。

最后,非洲各国经济都或多或少地受到了疫情影响,为了恢复经济,吸引更多外资的注入,创造更多的就业岗位,各国会推出一些重大的建筑、开采的项目。那么,有意向在非洲投资或者扩大生产经营规模的中国企业可以趁此

---

① 中国商务部 8 月 21 日发布了《2020 年上半年中非经贸合作综述》,肯定了中非合作助力非洲数字经济发展的趋势。参见高歌、徐祥丽:《记者观察:非洲数字经济发展的挑战与机遇——中非合作带来新动力》,载人民网,http://world.people.com.cn/n1/2020/1009/c1002-31885264.html。

② 在疫情期间,第 127 届中国进出口商品交易会在 2020 年 6 月如期举行。本届广交会采用了"云端会议"模式,使来自非洲等全球各地的参展商和采购商足不出户就可以谈生意、签合同。这届"云上广交会"的成功也预示着中非贸易未来将进入"互联网 + 数字经济 + 广交会"的新时代。参见贺文萍:《构建后疫情时代更紧密的中非命运共同体》,载光明网,https://share.gmw.cn/news/2021-01/03/content_34513185.htm。

机会将好的投资项目揽入怀中。①

在法律方面,疫情期间及结束后,中资企业可能会面对比以往更多的法律纠纷,主要体现在以下几个方面:疫情造成的商业合同的履行延误及违约;由于疫情带来的劳动人事争议,尤其是由于员工无法照常上岗或企业由于经济原因而进行的裁员而引起的解除劳动合同的纠纷。除此之外,由于新冠肺炎疫情的冲击,大宗商品价格,尤其是石油、矿业等价格的暴跌,也将会引发与之相关的投资争议;疫情造成东道国政府采取的出口管制、征收征用、外汇汇出限制等措施引起的争议等。

总之,新冠肺炎疫情给中国企业在非洲投资的风险增加了很多的不确定性。但是,在这个后疫情时期,非洲面临挑战和危机的同时也蕴藏巨大的商机。中国企业应本着中非互利合作的原则,根据疫情后非洲各国产业结构和贸易政策的调整及时调整自己的投资战略,增强风险意识,在建立多样化的风险防控机制的基础上,积极投入非洲基础设施建设中,继续为非洲互联互通的发展做出贡献,同时带动中国的技术、装备、标准和服务加快走进非洲,参与并见证非洲从世界的边缘走向全球主流,从“无望的大陆”成为全球经济发展的强大引擎的伟大历史时刻。②

---

① 参见《后疫情时代民企对非投资大有可为》,载新浪财经,https://finance.sina.com.cn/jjxw/2020-12-18/doc-iiznezxs7520694.shtml。汪力成表示,对于非洲,中国制造业可以输出优势产能,促进非洲产业升级和加速非洲工业化发展。

② 参见[美]杰克·布赖特、[美]奥布里·赫鲁比:《未来非洲——正在崛起的大陆—未来的全球经济引擎》,敖军译,西南师范大学出版社2020年版,第8页。